Power Through Prayer

오늘날 교회가 필요로 하는 것은
더 많은 기계나 더 좋은 기계도 아니요,
새로운 조직도 아니요, 기발한 방법도 아니다.
교회가 필요로 하는 것은
성령이 쓰실 수 있는 사람,
즉 기도의 사람, 기도에 능한 사람이다.
성령은 방법을 통해서 흘러나오지 않고
사람을 통해서 역사하신다.
성령은 기계에 임하지 않고 사람에게 임한다.
성령은 계획에 기름을 붓지 않고,
사람에게 그것도 기도의 사람에게
기름을 부으신다.

기도의 능력
Power Through Prayer

생명의말씀사

POWER THROUGH PRAYER
by E. M. Bounds

Korean Edition published by Word of Life Press, Seoul
ⓒ 1954, 1983, 2002, 2004, 2005, 2008.
All rights reserved.
Printed in Korea.

기도의 능력

ⓒ 생명의말씀사 1954, 1983, 2002, 2004, 2005, 2008

1954년 8월 15일　1판　1쇄 발행
1983년 4월 15일　　　17쇄 발행
1983년 4월 20일　2판　1쇄 발행
2002년 3월 25일　　　32쇄 발행
2002년 9월 20일　3판　1쇄 발행
2004년 4월 25일　　　5쇄 발행
2004년 6월 25일　4판　1쇄 발행
2004년 7월 20일　　　8쇄 발행
2005년 1월 15일　5판　1쇄 발행
2007년 9월 25일　　　6쇄 발행
2008년 1월 15일　6판　1쇄 발행
2025년 4월 11일　　　39쇄 발행

펴낸이 | 김창영
펴낸곳 | 생명의말씀사

등록 | 1962. 1. 10. No.300-1962-1
주소 | 서울시 종로구 경희궁1길 6 (03176)
전화 | 02)738-6555(본사) · 02)3159-7979(영업)
팩스 | 02)739-3824(본사) · 080-022-8585(영업)

기획편집 | 태현주, 전보아
디자인 | 박소정, 전민정
인쇄 | 영진문원
제본 | 보경문화사

ISBN 978-89-04-15741-9 (04230)
　　　89-04-00101-3 (세트)

저작권자의 허락없이 이 책의 일부 또는 전체를
무단 복제, 전재, 발췌하면 저작권법에 의해 처벌을 받습니다.

기도의 능력
Power Through Prayer

| 편집자의 글 |

기도의 용사들을 이 땅에 일으키소서

화려한 학력도 경력도 없었다. 청중을 휘어잡는 사자후도 없었다. 대형 교회를 담임한 적도 없었다. 대중이 사모하는 큰 능력도 없었다. 그저 조용하게 살았다. 눈에 띄지 않은 성장기를 거쳤고 보통 크기의 교회에서 평범한 목회를 해왔다. 이제는 많은 사람들처럼 세월의 힘 아래 나약하기만 한 육신에 버거워하고 있다.

그러나 아는 사람들은 그를 생각하는 것만으로도 힘을 얻는다. 강한 사람이어서가 아니다. 오히려 자신의 약함을 누구보다도 뼈저리게 실감한 사람이었다. 부목사 시절 자신의 능력 없음이 부끄러워 남몰래 산기도 갔다가 기도는커녕 밤새 벌벌 떨다가 내려왔음을 고백하는 그였다. 이 연약한 사람에게 무슨 매력이 있는 것일까? 성공학적으로는 별로 없다고 해야 할 것이다.

단, 한 가지가 약간 다르다. 수시로 사정없이 무릎을 꿇는다. 무릎 고장이 걱정될 정도로……. 그리고 움직이지 않는다. 간간이 신음 소리 같은

Power Through Prayer

것을 내지만 입술의 움직임을 살피지 않으면 졸고 있다고 오해할 정도다. 그가 늘 가까이하던 것은 너덜너덜 해진 가죽 성경이었다. 가끔씩 만나 교제를 할 때면 자신의 연약함을, 부끄러움을 고백한다. 그러면서 기도를 부탁한다. 그리고 그의 부탁을 들은 이가 그 요청에 부응하든 아니하든 그는 기도한다. 기도하고 기도하고 또 기도한다.

그 한결같음이, 그 순전함이 때로는 눈물겹기까지 한 그에게는 그 낡은 성경책만큼이나 소중한 책이 있다. 조용조용한 말투로 그러나 거역할 수 없는 권능으로 일독을 권고하는 책이 있다. 그것은 바로 기도의 사람, E. M. 바운즈의 책들이다.

독자의 사랑을 받는 책은 저절로 만들어지는 것이 아니다. 혹시 우연한 기회를 타서 사랑을 받더라도 그 사랑을 유지하기 위해 끝없이 노력해야 한다. 이런 생각으로 1954년 처음 출간된 이래 반세기 동안 수많은 독자들의 사랑을 받아 온 『기도의 능력』을 새롭게 번역하는 일을 시작했다. 특별히 이 책은 1953년 생명의말씀사가 창립된 직후 출판한 책이라서 더 의미가 있기도 했고, 개인적으로는 앞서 소개한 은사가 간곡하게 권하던 책들 가운데 첫 권이라 더 관심이 깊기도 했다.

그러나 100년이 다 된 원문을 놓고 번역문을 다듬는 일은 결코 녹록한 일이 아니었다. 게다가 다루고 있는 내용이 단순한 이론이 아니라 하나님 앞에서의 우리의 자세를 다루는 것이고, 저자의 깊은 체험과 묵상 가운데서 나온 것이기에 수시로 마음에 찔림을 받았다.

"사람은 방법을 찾지만 하나님은 사람을 찾으신다."
"기도 없는 설교는 죽이는 설교다."

문자 그대로 촌철살인의 지적이었다. 그래서 몇 줄도 못가서 나는 벌거벗은 모습으로 드러났고, 떨리는 마음으로 무릎을 꿇고 하나님 앞에 회개의 기도를 해야 했다. 이런 일이 수시로 일어났다. 그리하여 마침내는 일로 여기지 않고 하나님 앞에 서는 시간으로 삼아 매일 조금씩 묵상하며 번역을 진행했고, 거의 1년여 만에 첫 권의 수정 작업을 마치게 되었다.

이 책은 그냥 한가롭게 읽을 수 있는 책이 아니다. 혹시 그렇게 시작했더라도 강력하게 다가오는 하나님의 임재의 느낌에 두려워 떨며 무릎을 꿇지 않을 수 없게 하는 책이다. 그러므로 확신하건대 누구든 읽고 난 후에는 결코 전과 같은 사람이 될 수 없을 것이다.

이 시대가 요구하는 사람은 능력 있는 사람이다. 사람에게서 나온 능력이 아니라 위로부터, 하나님으로부터 온 능력으로 옷입은 사람이다. 이 시대는, 우리 교회는 간절히 그런 사람을 찾고 있다.

이제 무기력증에 빠진 영혼들과 교회를 하나님 앞으로 돌려세우는 강력한 도구가 되기를 간절히 바라며 이 소중한 책을 내놓는다.

하나님이여, 하나님이 들어 쓰시는 기도의 용사들을 이 땅에 일으키소서!

| 들어가는 글 |

기도의 사람, E. M. 바운즈

에드워드 맥켄드리 바운즈는 1835년 8월 15일에 토머스 바운즈와 헤스터 바운즈 사이에서 태어났다. 그의 이름은 미주리 지역에 감리교를 정착시키는 데 주요한 역할을 한 감리교 목사 윌리엄 맥켄드리의 이름을 본떴으리라 추정된다.

1840년대 초, 세상적으로 볼 때 유복했던 토머스 바운즈는 10살도 채 안 된 딸을 잃는 슬픔을 당하고, 자신도 1849년에 숨지게 된다. 아버지가 죽었을 때 에드워드는 14세였다.

아버지가 카운터 의회 서기로 직무했었기에 법정의 일을 계속해서 접할 수 있었으므로, 그는 법률에 관련된 일에 관심을 가지게 되었다. 당시에는 대학 교육을 받지 않고서도 법률가의 자격을 얻거나 법률에 관련된 일에 종사할 수 있었다. 변호사 지망생들은 정식 변호사 밑에서 일하며 법률 서적을 읽고 판례들을 외운 후 변호사 자격시험에 응시했다. 1854년 6월 9일, 19세의 생일을 맞이하기 두 달 전에 에드워드는 합격했다.

그 후로 5년 동안 E. M. 바운즈는 쉘비빌에서 법률활동을 성공적으로 수행해 나갔다. 그러나 갑작스레 하나님을 충만하게 경험하게 된 이후, 바운즈는 법률사무소의 간판을 내리고 문을 닫았다. 그리고 나서 성경과 신학에 깊이 몰두하기 시작했다.

그는 성경을 여러 차례 읽었으며, 존 웨슬리의 설교집을 탐독했다. 특히 데이비드 브레이너드의 생애를 기록한 조나단 에드워즈의 책과 존 플레처의 생애를 기록한 책에 많은 영향을 받았다. 그는 1860년 2월 목사로 임명받은 후, 브룬즈위크의 교회로 파송되었다.

1860년, 노예제도로 인해 들끓게 된 지역적인 긴장감이 미주리주에도 덮쳐왔다. E. M. 바운즈는 동맹군의 군목이 되었다. 바운즈 목사는 그리 큰 키는 아니었지만 용기는 대단했다. 그는 병사들을 사랑했고 그들과 더불어 행진했으며 전장에서 꽁무니를 빼는 일은 없었기에 병사들은 그를 깊이 존경했다. 그는 이후 포로로 잡혔다가 풀려나, 전쟁 때 처절하게 패했던 장소인 테네시주 프랭클린으로 돌아왔다.

1869년 초, 바운즈는 앨라배마 중부에 있는 셀마 지역 교회로 부르심을 받았다. 그리고 그곳에서 에마 엘리자베스 바네트를 만난다. 바운즈는 1874년 미주리주의 세인트루이스에 있는 남부 성 바울 감리교회를 맡게 되었는데, 서로에 대한 감정이 이때 분명해져서 1876년 9월 두 사람은 결혼하였다.

바운즈는 성 바울교회에서 1883년까지 충실하게 사역하였다. 그리고 이 해에 세인트루이스 총회 공식 신문인 『세인트루이스』지의 편집장이 되었다. 1884년에는 두 딸에 이어 아들 에드워드가 태어났다. 그러나 평화는 지속되지 않았다. 에마가 심하게 앓다가 1886년 49세의 나이로 생을 마친 것이다.

에마가 죽고 난 뒤 1년 9개월 후, 바운즈는 임종시 에마와 한 약속을 지켜 1887년 10월 25일 에마의 사촌인 해리어트 엘리자베스 바네트와 결혼하였다. 22년이나 나이 차가 났지만 두 사람은 서로에게 헌신적이었고 네 자녀와 함께 기쁨을 누렸다.

그리고 바운즈는 내쉬빌 『크리스천 정론』지의 부국장에 추대되었다. 이는 남부 감리교회 전체를 대변하는 공식 신문이었다. 그런데 또 다시 슬픔이 찾아왔다. 두 아들을 갑자기 잃게 된 것이다. 이처럼 5년이라는 기간 동안에 첫 부인과 두 아들을 땅에 묻어야 했던 고통에도 불구하고 바운즈는 하나님의 사랑을 확신하였다.

1894년 바운즈는 아내와 4남매(두 아들 에드워드와 찰스를 잃은 후, 오즈본 스톤과 엘리자베스가 태어났다)를 데리고 내쉬빌을 떠나 조지아주 워싱턴에 있는 바네트가에 들어갔다. 그는 이때부터 중보기도와 집필, 순회 부흥사역을 감당하다가 1913년에 세상을 떠났다.

그의 살아생전 두 권의 책이 출판되었는데, 『설교자와 기도』(이후 『기도의 능력』으로 바뀜)와 『부활』이 바로 그것이다. 그가 죽고 난 후 바운즈의 제자라 할 수 있는 호머 핫지가 바운즈의 친구인 클로드 칠턴의 도움을 받아 나머지 9권의 책의 출간을 맡았다. 호머 핫지는 E. M. 바운즈를 처음 만났을 때의 충격을 이렇게 말했다.

"그는 날이 밝기도 전에 기도를 시작했다. 나는 다른 사람들을 깨우지 않기 위해 그가 곧 기도를 끝낼 거라고 생각했다. 그러나 그는 조용히 흐느끼면서 나와 나의 무관심과 모든 하나님의 사역자들을 위해 몇 시간 동안 기도했다. 그는 다음날 기도에 대해 설교했다. 나는 막 사역에 입문했었고, 사도시대의 사도들처럼 기도하는 하나님의 사람을 만나고 싶어 했기에 점점 관심을 가지게 되었다. 다음날 아침에도 그는 기도했고, 집회 동안 하루도 빠지지 않고 몇 시간씩 기도했다. 나는 강하게 영향을 받았고 그를 보내주신 하나님께 감사했다. 마침내 나는 진정한 기도의 사람을 찾은 것이다."

편집자의 글 | 6
들어가는 글 | 10

Part 1. 하나님의 방법은 사람이다

1. 사람이 하나님의 방법이다 · 22
하나님의 능력의 통로 | 담겨 있는 질그릇에 따라 | 거룩함의 천국 | 가장 강한 무기를 지니라

2. 우리의 만족은 하나님으로부터 · 30
생명을 좌지우지하는 열쇠 | 영혼을 죽이는 설교 | 십자가에 못박으라

3. 기도는 인간이 할 수 있는 가장 고상한 행위다 · 36
부서져야 할 껍데기 | 실패의 원인과 그 결과 | 살아 있는 기도를 하라

4. 사람을 위하여 하나님께 고하는 일은 더 위대하다 · 42
사역의 극단적 경향 | 천국 문이 활짝 열리는 때 | 뛰어난 기도의 사람이 되라

Part 2. 먼저 하나님께 나아가라

5. 먼저 하나님께 나아가라 · 54

하나님께 나아가는 길 | 진정한 기도의 힘 | 거의 기도하지 않는 것 |
하나님의 사명에 충실하라

6. 기도로 성공한 사람들 · 60

성공의 지배적인 요인 | 기도하는 사람들의 공통점 | 하나님과의 교제
시간 | 위대한 기도의 사람들 | 끈질기게 기도로 씨름하라

7. 새벽에 하나님이 도우시리로다 · 76

하나님을 향한 강렬한 열망 | 아침 일찍 하나님을 간절히 찾으라

8. 능력의 비결은 기도다 · 80

반드시 가져야 하는 것 | 하나님에 대한 헌신 | 기도가 없는 시대 | 거
룩한 기도의 용사 | 능력 있는 기도로 하나님과 동행하라

Part 3. 기도하고 기도하게 하라

9. 머리보다 마음을 준비하라 · 98

마음을 돕는 기도 | 가장 큰 문제 | 우리에게 가장 필요한 것 | 마음의 힘 | 마음으로 씨를 뿌리라

10. 거룩한 기름부으심을 받으라 · 106

진리가 살아 있으려면 | 기름부으심이 맺는 열매 | 진지함과의 차이 | 골방을 통해 주어지는 선물 | 거룩한 기름부으심의 독특성 | 끊임없는 기도로 기름부음을 받으라

Power Through Prayer

11. 골방의 불꽃에 담금질하라 · 120

사도들의 본보기 | 중보기도의 목적 | 강건한 지도자의 특징 | 골방에서 최고의 제물을 바치라

12. 기도하고 기도하게 하라 · 127

절대적으로 필요한 것 | 바울의 본보기 | 헌신의 핵심 | 기도의 지도자는 어디 있는가? | 이 시대에 꼭 필요한 사람이 되라

인명 색인 | 148

Part 1. 하나님의 방법은 사람이다

Power Through Prayer

사람이 하나님의 방법이다
우리의 만족은 하나님으로부터
기도는 인간이 할 수 있는 가장 고상한 행위다
사람을 위하여 하나님께 고하는 일은 더 위대하다

1

사람이 하나님의 방법이다

삶의 모든 면에서 거룩을 배우라. 당신이 쓰일 수 있는가는 전적으로 거기에 달려 있다. 당신의 설교는 한 두 시간밖에 지속되지 않지만 당신의 삶은 한 주일 내내 설교를 하기 때문이다. 만일 사탄이 당신을 욕심 많은 목사, 칭찬 듣기 좋아하는 사역자, 쾌락을 사랑하는 자, 좋은 음식을 탐하는 일꾼으로 만들 수만 있다면 그는 이미 당신의 사역을 망친 것이다. 기도에 전념하라. 그리하여 당신의 설교 본문과 생각과 말을 하나님께로부터 얻으라. 루터는 자기에게 가장 귀중한 세 시간을 기도로 보냈다. _로버트 맥세인

하나님의 능력의 통로

우리는 효과적인 복음 전도와 교회 성장 그리고 교인수 증대를 위해 새로운 방법, 새로운 계획, 새로운 조직을 궁리하는 데 끊임없이 신경을 쓰고 있다.

현대의 이런 추세는 사람의 시야를 흐리게 하거나 계획과 조직 속에 사람을 빠뜨리는 경향이 있다. 하나님의 계획은 사람을 중시한다. 다른 무엇보다도 사람을 훨씬 더 중요하게 여기는 것이다. 사람이 하나님의 방법인 것이다.

교회는 더 나은 방법을 찾고 있지만 하나님은 더 나은 사람을 찾고 계신다. "하나님께로서 보내심을 받은 사람이 났으니 이름은 요한이라"요 1:6. 그리스도의 길을 예비하는 하나님의 계획이 요한이라는 사람에게 달려 있었다.

"한 아기가 우리에게 났고 한 아들을 우리에게 주신 바 되었는데"사 9:6. 온 세상의 구원이 요람에 누인 그 아들로부터 온다. 바울은 세상에 복음을 심은 사람들의 인격적 특성에 호소함으로써 그들의 성공의 비밀을 풀었다. 복음의 영광과 효력은 그것을 선포하는 사람들에게 달려 있다. 하나님께서는 "여호와의 눈은 온 땅을 두루 감찰하사 전심으로 자기에게 향하는 자를 위하여 능력을 베푸시나니"대하 16:9라고 하신다. 이를 통해 하나님은 사람의 필요성과, 그분의 능력을 세상에 펴시기 위한 통로로서 사람을 의지하신다는 것을 선포하시는 것이다.

이러한 중차대한 진리는 이 기계 문명의 시대가 잊어버리기 쉬운 것이다. 이 진리를 잊는 것은 하나님의 일을 하는 데 있어서 마치 태양이 그 궤도를 벗어나는 것과 같이 치명적이다. 그리고 그 결과는 흑암과 혼돈과 죽음이다.

오늘날 교회가 필요로 하는 것은 더 많은 기계나 더 좋은 기계도 아니요, 새로운 조직도 아니요, 기발한 방법도 아니다. 교회가 필요로 하는 것은 성령이 쓰실 수 있는 사람, 즉 기도의 사람, 기도에 능한 사람이다. 성령은 방법을 통해서 흘러나오지 않고 사람을 통해서 역사하신다. 성령은 기계에 임하지 않고 사람에게 임한다. 성령은 계획에 기름을 붓지 않고, 사람에게 그것도 기도의 사람에게 기름을 부으신다.

한 훌륭한 역사가는, 국가의 혁신은 민주주의 정치가나 철학적 역사가에 의해서 이루어지기보다는 개인의 인격에 의해 이루어진다고 말했다. 이 진리는 그리스도의 복음에도 전적으로 적용될 수 있다. 그리스도를 따르는 사람들의 인격과 행동이 세계를 기독교화하고, 개인과 국가를 변화시킨다. 복음 전도자들에게는 이것이 더욱 분명한 사실이다.

담겨 있는 질그릇에 따라

복음의 성격과 운명은 설교자에게 달려 있다. 설교자는 하나님께서 사람에게 주신 메시지를 세우거나 혹은 망친다. 설교자는 하나님의 기름이 통과하는 금관金瓚이다. 이 관은 금으로 되어 있어야 할 뿐 아니라 막히지 않아야 하고 흠이 없어야 한다. 그래야 기름이 온전히, 아무 거침없이, 그리고 낭비됨이 없이 흐르게 된다.

사람이 설교자가 된다. 하나님께서 그를 만드셔야 한다. 할 수 있으면, 설교자는 메시지보다 나아야 한다. 설교자가 설교보다 더 중요하다. 설교자가 설교를 만든다. 어머니의 가슴에서 나오는 생명을 주는 젖은 바로 어머니의 생명인 것처럼, 모든 설교자들이 말하는 것은 설교자 자신의 인격에 의해 형성되고 물들여진다. 보화가 질그릇 속에 담겨 있다. 그러므로 그릇의 냄새가 보화를 아름답게 할 수도 있고 추하게 할 수도 있다.

설교의 배후에는 설교자가 있다. 설교는 한 시간 동안 하는 공연이 아니다. 설교는 삶이 흘러나오는 것이다. 한 편의 설교를 만드는 데는 20년이 걸린다. 그 사람을 만드는 데 20년이 걸리기 때문이다. 진정한 설교는 삶의 문제이다. 사람이 성숙하면 설교도 성숙한다. 또한 사람이 능력 있으면 설교도 능력이 있다. 사람이 거룩하면 설교도 거룩하다. 사람에게 성령의 기름부으심이 충만하면 설교에도 성령의 기름부으심이 충만하다.

바울은 그것을 "나의 복음"이라고 했다. 그것은 그의 개인적 특성으로 복음을 전락시켰다거나, 복음을 이기적으로 전용함으로써 변질시켰기 때문이 아니다. 복음이 바울의 가슴속에, 피 속에 들어 있어서 바울의 속성에 의해 인격적인 신뢰가 이루어지고, 그의 불 같은 영혼의 불 같은 능력에 의해 불이 붙여지고 능력이 부어진다는 의미이다.

바울의 설교는 과연 무엇이었는가? 또 그 설교는 어디에 있는가? 영감의 바다 위에 조각조각 떠다니는 마른 뼈들이었다! 그러나 자신의 설교보다도 더 위대했던 사람 바울은 교회를 빚는 그의 손과 함께

변함없이, 온전히, 영원히 살아 있다. 설교는 소리에 불과하다. 소리는 정적 속에 죽고, 본문은 망각되며, 설교는 기억 속에서 사라진다. 그러나 설교자는 살아 있다.

생명을 주는 능력에 있어서 설교가 사람을 능가할 수 없다. 죽은 사람은 죽은 설교를 한다. 그리고 죽은 설교는 영혼을 죽인다. 모든 것이 다 설교자의 영적 특성에 달려 있다.

거룩함의 천국

율법 시대의 대제사장은 "여호와께 성결"이라고 새긴 흉패를 달았다. 마찬가지로 그리스도의 일을 하는 설교자도 모두 이와 동일하게 거룩한 표어에 의해 다듬어지고 다스림을 받아야 한다. 기독교의 사역이 그 성품의 성결함과 목적의 성결함에 있어서 유대 제사장들보다 못하다는 것은 울어 마땅한 수치이다. 조나단 에드워즈는 "나는 더욱 거룩하고 더욱 그리스도를 닮기 위해 열심을 다해 계속 노력했다. 내가 바랐던 천국은 바로 거룩함의 천국이다."라고 했다.

그리스도의 복음은 인기의 물결에 따라 움직이지 않는다. 그것은 스스로 번식하는 능력을 가지고 있지 않다. 복음은 그것을 맡은 사람이 움직이는 대로 움직인다. 설교자가 복음을 인격화하지 않으면 안 된다. 복음의 신적이고 가장 뚜렷한 특성들이 그 사람에게서 구체화

되어야 한다. 강권하는 사랑의 능력이 설교자 안에 있어서 투사하고, 드러내며, 모든 것을 다스리고, 자기를 잊게 하는 힘이 되어야 한다. 자기를 부인하는 힘이 그의 존재, 그의 심장, 그의 피와 뼈가 되어야 한다. 설교자는 겸손으로 옷입고, 온유 안에 거하며, 뱀같이 지혜롭고, 비둘기같이 순결하며, 어린아이의 천진난만함으로, 왕의 고고함을 지닌 자원하는 종으로 사람들 가운데 나아가야 한다.

설교자는 철저히 자기를 비우는 믿음과 자기를 불태우는 열심으로 사람을 구원하는 일에 자신을 던져야 한다. 이 세대를 붙들어 하나님을 위한 세대로 만드는 사람은 진실하고 영웅적이며 가슴이 뜨겁고 두려움을 모르는 순교자여야 한다. 만일 그들이 비겁하게 시간이나 때우는 자이거나 높은 자리나 찾는 자라면, 만일 그들이 사람을 즐겁게 하는 자거나 사람을 두려워하는 자라면, 만일 그들의 믿음이 하나님과 그분의 말씀을 굳게 붙들지 않는다면, 만일 그들의 자기 부인이 자신이나 세상의 말에 의해 무너진다면, 그들은 하나님을 위해 교회도 세상도 붙들 수 없다.

설교자는 자기 자신을 향하여 가장 날카롭고 가장 강한 설교를 해야 한다. 그는 자기 자신을 향해 가장 어렵고, 까다롭고, 힘들고, 철저한 일을 해야 한다. 열두 제자를 훈련시킨 일은 위대하며, 어렵고 영속적인 그리스도의 일이었다. 설교자는 설교를 만드는 사람이 아니라 사람을 만들고 성도를 만드는 사람이다. 그러므로 스스로를 사람과 성도로 만든 사람만이 이 일을 위해 제대로 훈련된 사람이다.

가장 강한 무기를 지니라

하나님께서 필요로 하는 것은 위대한 재능이나 위대한 학문이나 위대한 설교자가 아니다. 거룩함이 위대한 사람, 믿음이 위대한 사람, 사랑이 위대한 사람, 충성이 위대한 사람, 하나님을 위해 위대한 사람 – 강단에서는 항상 거룩한 설교를, 강단 밖에서는 거룩한 생활로 설교하는 사람이다. 그래야만 하나님을 위해 한 세대를 빚을 수 있다.

초대 그리스도인들은 그렇게 되어 있었다. 그들은 천국의 모형을 닮은 견고한 형상의 설교자, 즉 영웅적이고 꿋꿋하고 군사 같으며 성자 같은 설교자들이었다. 그들에게 있어서 설교는 자기를 부인하는 것이요, 자기를 십자가에 못박는 것이요, 심각하고 어렵고 순교하는 일이었다. 그들은 자기 세대를 향해 한 말을 자신에게 적용했고, 그리하여 하나님을 향해 아직 태어나지 않은 세대를 태 안에 품었다.

설교자는 기도하는 사람이어야 한다. 기도는 설교자의 가장 강한 무기이다. 기도는 전능한 힘이 있기에 모든 사람에게 생명과 능력을 준다.

참된 설교는 골방에서 만들어진다. 사람 – 하나님의 사람 – 은 골방에서 만들어진다. 그의 삶과 그의 가장 깊은 확신들은 그와 하나님과의 은밀한 교제에서 태어난다. 그의 영혼이 눈물을 흘리며 힘겹게 고뇌하는 것, 그의 가장 무게 있고 가장 감미로운 설교는 홀로 하나님과 있을 때 얻어진다. 기도는 사람을 만든다. 기도는 설교자를 만든다. 기도는 목사를 만든다.

오늘날의 강단은 기도하는 데 약하다. 학식에 대한 자랑은 겸손히 의뢰하는 기도를 방해한다. 강단에서의 기도는 단지 예배 형식을 갖추기 위해 하는 경우가 너무 많다. 현대의 강단에서 기도는 바울의 삶과 사역에 있었던 것 같은 강력한 힘이 되지 못하고 있다. 자신의 삶과 사역에서 기도가 큰 능력이 되지 못하는 설교자는 하나님의 사역에 무능한 자며, 이 세상에서 하나님의 대의를 진보시키는 일에 무능력한 자이다.

2

우리의 만족은 하나님으로부터

무엇보다 그(조지 폭스)는 기도에 탁월했다. 그의 영혼의 내향성과 중후함, 언어와 행동의 경건함과 엄숙함, 그리고 말수의 적음과 근엄함이 다른 사람들에게로 다가가 위로를 줄 때는 종종 낯선 사람들까지도 감탄하게 했다. 내가 보고 느낀 것 가운데서 가장 놀랍고 존경스러운 것이 그의 기도였다고 말할 수밖에 없다. 진정으로 그것은 하나의 증언이었다. 그는 다른 사람들보다 주를 더 잘 알고 또 더 가까이하는 삶을 살았다. 주를 가장 잘 아는 이들은 존경과 두려움으로 주께 나아가야 할 이유를 가장 잘 알기 때문이다. _윌리엄 펜

생명을 좌지우지하는 열쇠

가장 달콤한 은혜라도 가장 사소한 타락에 의해 가장 쓴 열매를 맺을 수 있다. 태양은 생명을 주지만 일사병으로 죽음을 가져올 수도 있다. 설교는 생명을 주기 위한 것이지만 죽일 수도 있다. 설교자가 열쇠를 가지고 있다. 그가 열기도 하고 잠그기도 한다. 설교는 영적 생명을 심고 기르기 위해 하나님께서 마련하신 위대한 방법이다. 그것을 적절히 사용할 때의 유익은 말할 수 없이 크지만, 잘못 수행하면 어떤 마귀도 이룰 수 없을 정도로 크나큰 손실을 초래한다.

목자가 부주의하거나 목장이 파괴되면 양무리가 흩어지기가 매우 쉽다. 파수꾼이 잠들거나 식수와 음식에 독약이 들어가면 그 성은 점령당하기 쉽다. 이렇게 은혜로운 특권이 부여되어 있고 많은 악에 노출되어 있어서 크나큰 책임이 많이 따르는데도 설교와 설교자를 더럽힘으로써 설교자의 주된 영향력을 발휘하지 못한다면, 그것은 설교자의 인격과 명예에 대한 훼손이며 마귀의 영특함을 비굴하게 모방하는 것밖에 될 수 없다. 이런 사실들을 볼 때 바울의 감탄 섞인 질문, "누가 이것을 감당하리요?"는 지극히 당연한 것이다.

바울은 "우리의 만족은 오직 하나님께로서 났느니라 저가 또 우리로 새 언약의 일꾼 되기에 만족케 하셨으니 의문으로 하지 아니하고 오직 영으로 함이니 의문은 죽이는 것이요 영은 살리는 것임이니라" 고후 3:5-6고 하였다. 진정한 사역은 하나님이 다루시고 하나님이 능력을 주시며 하나님이 만드시는 것이다.

하나님의 영이 기름을 붓는 능력으로 설교자 위에 머문다. 성령의 열매가 그의 마음속에 있고, 성령이 사람과 말에 생명을 준다. 그래서 그의 설교는 생명을 준다. 대자연의 봄이 생명을 주듯이 생명을 준다. 부활이 생명을 주는 것같이 생명을 준다. 여름이 뜨거운 생명을 주듯이 뜨거운 생명을 준다. 가을이 풍성한 열매를 주듯이 풍성한 생명을 준다.

생명을 주는 설교자는 하나님의 사람이다. 그의 영혼은 늘 하나님을 열심히 찾는다. 그의 눈은 오로지 하나님만 바라본다. 그는 하나님의 성령의 능력으로 육신과 세상을 십자가에 못박았기에, 그의 사역은 마치 생명수의 강이 넘쳐흐르는 것과 같다.

영혼을 죽이는 설교

영적이지 못한 설교는 죽이는 설교다. 그 설교의 능력은 하나님으로부터 온 것이 아니다. 설교에 힘과 자극을 준 것들의 근원이 하나님보다 못한 것들에 있는 것이다. 설교자에게도, 설교 속에도 성령이 드러나지 않는다. 죽이는 설교를 통해서도 많은 종류의 힘이 투사되고 자극되지만 그것들은 영적인 힘이 아니다. 그런 것들은 영적인 힘들처럼 보일 수 있지만, 실제로는 그림자나 위장에 지나지 않는다. 생명이 있는 것 같으나 실은 최면에 지나지 않는다.

죽이는 설교는 문자의 설교다. 그것이 아무리 논리 정연하고 날카롭다 할지라도, 여전히 의문儀文이요, 메마르고 거친 문자요, 무미건조하고 껍데기에 지나지 않는다. 문자는 그 속에 생명의 싹이 있을지는 몰라도 그것이 싹트게 하는 봄의 호흡은 없다. 그것은 겨울의 씨앗과 같고, 딱딱하게 얼어붙은 겨울 땅과 같고, 차가운 겨울 바람과 같아서 스스로 녹지도 않을 뿐더러 싹을 내지도 못한다.

이 의문 설교儀文說敎도 진리를 갖고 있다. 그러나 신성한 진리 자체가 생명을 주는 힘을 갖고 있는 것은 아니다. 하나님의 능력으로 성령에 의해 능력이 부여되어야만 한다. 하나님의 성령에 의해 살아나지 못한 진리는 오류, 아니 그 이상의 것이다. 그것 자체는 아주 순수한 진리일 수도 있다. 그러나 성령이 없으면 진리의 그림자와의 접촉은 죽은 것으로, 그런 진리는 비진리이며 그 빛은 어둠에 불과하다.

문자 설교文字說敎=儀文說敎는 기름부음이 없다. 성령의 기름부음커녕 기름 비름도 없다. 눈물이 있을 수도 있지만, 눈물이 하나님의 기계를 돌릴 수는 없다. 눈물이 있을지 모르지만 그것은 눈 덮인 빙산에 스쳐 가는 여름 바람일 뿐이요, 표면에다 회칠하는 것밖에 될 수 없다. 감동과 진지함이 있을 수도 있으나 그것은 배우의 감동이요, 변호사의 진지함에 지나지 않는다.

설교자는 자기 자신의 불꽃으로 인해 감동할 수도 있고, 자기 자신의 주석에 대해 웅변을 토할 수도 있고, 자신의 두뇌로 만들어낸 것을 전달하는 데 진지할 수도 있다. 교수가 설교자의 자리를 차지하여 사도의 불을 흉내낼 수도 있다. 뇌와 신경을 가지고 성령의 역사를 꾸밀 수 있다. 이런 힘들을 이용해 의문은 조명된 말씀처럼 빛을 내고 광채를 발할 수 있다.

그러나 그런 빛과 광채는 진주를 밭에 뿌린 것과 같이 생명이 없다.

사망을 해결하는 것은 말도, 설교도, 방법도, 행동도 아니다. 이보다 훨씬 더 깊은 곳에 있다.

십자가에 못박으라

큰 방해물은 설교자 자신 안에 있다. 설교자 자신 안에는 생명을 창조하는 강력한 능력이 없다. 정통 교리, 정직함, 순결과 진지함에는 손색이 없다 할지라도 사람, 내적 사람, 그의 밀실은 하나님을 향해 완전히 굴복하고 산산이 부서진 것이 없을 수도 있다. 그의 내적 삶은 하나님의 메시지와 하나님의 능력을 전달하는 대로大路가 되지 못하는 것이다. 웬일인지 하나님이 아니라 자아가 지성소에서 왕노릇하고 있는 것이다.

자신도 전혀 의식하지 못하게, 어떤 곳에서 영적 부도체不導體가 그의 속사람에 들어와 있어서 신령한 전류가 흐르지 못하고 있다. 그의 속사람은 자신이 영적으로 파산하였다는 것을, 자신이 정말 무능력하다는 것을 느끼지도 못한다.

하나님의 능력과 하나님의 불이 들어와서 채우고 정결하게 하고 능력을 주기 전까지는 그의 속사람은 자신에 대한 절망과 스스로 어찌할 수 없음을 인하여 울부짖지도 못한다. 어떤 파괴적인 형태의 자부심과 자신감이 하나님을 위해 거룩하게 유지되어야 할 성전을 침범하고 더럽혀 놓았기 때문이다.

  생명을 주는 설교는 설교자에게 자아에 대한 죽음, 세상에 대하여 십자가를 지는 일, 영혼의 진통 등 많은 것을 요구한다. 십자가에 못박힌 설교만이 생명을 줄 수 있다. 십자가에 못박힌 설교는 십자가에 못박힌 사람에게서만 나올 수 있다.

3

기도는 인간이 할 수 있는 가장 고상한 행위다

병중에서 나는 이전에 내가 건강을 누릴 때보다도 더 깊이 영원과 관련해서 내 삶을 살펴보게 되었다. 사람으로서, 사역자로서, 그리고 교회의 책임자로서, 나의 책무를 얼마만큼 충실히 했는가에 관해 자신을 평가해 볼 때, 나와 같은 피조물들에 대해서는 양심상 큰 부끄러움이 없었으나 나의 구속자요 구주에 대해서는 그렇지 못했다. 나의 감사드리는 생활과 사랑의 순종은 내가 어려서부터 늙기까지 인생을 살아오는 동안 내내 나를 붙드시고 지키시고 구속하신 은혜에 비하면 거의 아무것도 아니었다. 나를 먼저 사랑하셨고 나를 위해 많은 은혜를 주신 내 주께 대한 나의 차가움은 나를 무겁게 짓누르며 당황하게 했다. 나의 무가치한 인격을 개선하는 일에 관해서 나는 나의 의무와 특권에 맞추어 주어진 은혜를 잘 활용하는 일을 게을리했을 뿐 아니라 그것을 활용하지 못함으로써 염려와 수고 가운데서 첫사랑과 열심이 식어버렸다. 나는 당황했고 그리하여 겸손하게 되어 자비를 간구했다. 그리고 자신을 남김없이 주님께 바치고 헌신하겠다는 서약을 다시 하게 되었다. _맥켄드리 감독

부서져야 할 껍데기

영혼을 죽이는 설교도 교리적으로 완전하고, 전혀 흠 잡을 데 없이 정통적일 수 있고 또 종종 그렇다. 우리는 대부분 정통을 사랑한다. 그것은 좋다. 정통이 최고다. 정통은 하나님 말씀에 대한 분명하고 정연한 가르침이요, 진리로 거짓과 싸워 이김으로 차지한 상패요, 정직을 무너뜨리는 물결과 불합리한 미신과 불신을 막기 위해 믿음이 쌓은 둑이다.

그러나 수정같이 단단하고 투명하며, 모든 것을 점검하고 타협 없이 싸우는 정통이라 할지라도 단지 문자에 불과할 수 있다. 훌륭하게 구성되고, 훌륭하게 이름지어지고, 훌륭하게 교육된 그 문자가 죽이는 일을 할 수 있는 것이다. 죽은 정통처럼 철저하게 죽을 수 있는 것은 없다. 죽은 정통만큼 사색이 불가능할 정도로 철저하게 죽어 있고, 생각하고 공부하고 기도할 수 없을 정도로 철저하게 죽을 수 있는 것은 없다.

영혼을 죽이는 설교도 동잘릭을 가질 수 있고 원리를 지닐 수 있다. 그것은 학술적일 수도 있고 취향상 비평적일 수도 있다. 또한 글의 문법과 변형을 상세히 파헤칠 수도 있다. 또 글을 정리하여 완벽하게 만들 수도 있고, 플라톤이나 키케로처럼 조명할 수도 있고, 변호사가 맡은 사건을 설명하거나 변호하기 위해 법률 서적을 뒤지듯이 탐구할 수도 있다. 그래도 결국은 서리, 죽이는 서리같이 되고 만다.

의문의 설교는 웅변적일 수 있다. 시와 수사로 가미하고 기도로 물을 뿌리고 감정으로 향을 내고 천재적 착상으로 조명할 수 있다. 그러나 이런 것들은 값비싼 장식품이요, 시체를 담은 관 위에 놓인 작고 아름다운 꽃에 지나지 않는다.

영혼을 죽이는 설교는 학문이 없을 수도 있다. 그리고 어떤 새로운 감정이나 사상이 표현되지도 않고, 특징 없이 일반적인 것이며, 단정

하지 못하고 불규칙한 모양으로, 기도의 골방과 탐구의 맛도 없으며, 은혜로운 생각도 표현도 기도도 없을 수 있다. 그러한 설교가 초래하는 영적 파괴는 얼마나 크고 철저한가! 그로 인한 영적 죽음이 얼마나 심각한가!

이런 의문의 설교는 실체가 아니라 표면과 그림자만 다룬다. 그것은 내적으로 뚫고 들어가지 못한다. 그것은 하나님의 말씀에 감추어진 생명을 깊이 통찰하지도 못하고 강력하게 붙들지도 못한다. 의문 설교는 겉으로는 진실하다. 그러나 겉은 핵심으로 파고 들어가기 위해서 반드시 부서져야 할 껍데기에 불과하다. 의문은 아름답고 매력 있게 장식될 수 있다. 그러나 그 매력은 하나님을 향한 것이 아니요, 아름다움은 천국을 위한 것이 아니다.

실패의 원인과 그 결과

실패의 원인은 설교자에게 있다. 하나님이 그 설교자를 만들지 않았다. 그 설교자는 마치 진흙이 토기장이의 손에 있듯이 하나님의 손 안에 있어 본 일이 없다. 그는 설교를 위해, 설교의 사상과 결론, 도입과 흡인력 등에 대해 분주하게 준비했다. 그러나 하나님의 깊은 것은 탐구하지도, 상고하지도, 헤아려 보지도, 체험하지도 않았다.

그는 결코 "높이 들린 보좌" 사 6:1 앞에 서 본 적이 없다. 그는 천사의 노래를 들어 본 적도 없고, 환상도 보지 못했고, 경이스러운 거룩함의 휘몰아침도 느끼지 못했으며, 죄책감과 연약함에서 오는 절망 때문에 울부짖어 본 적도 없으며, 하나님의 제단에서 꺼내온 숯불로 삶을 정결하게 하고 가슴을 순결하게 한 일도 없다.

그의 사역이 사람들을 그 자신에게로, 교회로, 또는 형식이나 의식으로 이끌 수는 있다. 그러나 진정 하나님께로는 이끌지 못하며, 유쾌하고 거룩하고 성스러운 교제는 마련하지 못한다.

그런 교회는 겉은 아름답게 하나 넋을 세우지는 못하고, 사람을 즐겁게 하나 거룩하게 하지는 못한다. 생명이 억압을 당한다. 여름 하늘에 냉기가 돈다. 땅은 불탄 재이다. 우리 하나님의 도성이 죽음의 도성이 된다. 교회는 강력한 진을 구축한 군대가 아니라 공동묘지가 된다. 기도와 찬양은 질식하고 예배는 죽어 있다. 설교자와 설교는 거룩이 아니라 죄를 도우며, 사람들을 천국이 아니라 지옥으로 인도한다.

죽이는 설교는 기도가 없는 설교다. 기도하지 않는 설교자는 생명이 아니라 사망을 만들어 낸다. 기도가 약한 설교자는 생명을 주는 힘도 약하다. 자신의 인격에서 기도가 현저하고 주된 요소가 되지 못하는 설교자는 자신의 설교에서 생명을 주는 힘을 상실한 설교자다. 직업적인 기도도 있을 수 있다. 그러나 이런 기도는 설교가 영혼을 죽이도록 도와줄 뿐이다. 직업적인 기도는 설교와 기도를 차갑게 하고 죽인다.

교인들이 기도에 게으르고 냉담하며 헌신이 부족한 것은 대부분 강단에서 이루어지는 직업적인 기도 때문이다. 강단 기도의 대부분은 길고, 산만하고, 메마르고, 공허하다. 기름부음과 가슴이 없는 강단 기도는 예배의 은혜를 모두 죽이는 찬 서리처럼 된다. 그런 기도는 죽음을 가져오는 기도다. 그런 기도 아래에서는 경건의 흔적도 모두 사라진다.

살아 있는 기도를 하라

죽은 기도일수록 길다. 짧은 기도, 살아 있는 기도, 진심이 담긴 기도, 성령으로 하는 기도 – 직설적이고 구체적이며 뜨겁고 단순하며 기름부음이 있는 기도 – 가 필요하다. 하나님께서는 기도를 중요하게 여기신다. 그러므로 진정한 경건과 진정한 예배와 진정한 설교를 위해서는 설교자에게 기도하는 법을 가르치는 학교가 신학교보다 더 유익하다.

멈추라!
중단하라!
생각해 보라!
지금 우리는 어디에 있는가?
지금 우리는 무엇을 하고 있는가?

죽이는 설교를 하고 있는가?
죽이는 기도를 하고 있는가?
하나님께 기도하는가?
온 세상의 창조자요,
모든 사람의 심판자이신 크신 하나님께!
우리는 얼마나 경건해야 하는가!
얼마나 단순해야 하는가!
얼마나 진지해야 하는가!
우리 마음속의 진실함이 얼마나 요구되는가!
얼마나 성실해야 하는가!
하나님께 드리는 기도는 인간의 가장 고상한 행위요,
가장 숭고한 노력이요,
가장 진실한 것이다!

이제 죽이는 설교와 죽이는 기도를 영원히 버리고 진실한 일을 해야 하지 않을까? 생명을 창조하는 설교는 하늘과 땅에 가장 강력한 능력을 가져다주고, 곤고하고 거지 같은 인간에게 하나님의 무궁한 보고를 열어준다.

4

사람을 위하여
하나님께 고하는 일은 더 위대하다

때때로 우리는 브레이너드가 아메리카 숲속에서, 죽어 가는 이방인들을 위해서 자기의 영혼을 하나님 앞에 쏟아내는 것을 보아야 한다. 그들이 구원받는 것 외에는 아무것도 그를 기쁘게 하지 못했다. 모든 개인의 경건의 뿌리에는 기도-은밀하고 뜨겁고 믿음이 실린 기도-가 있다. 선교사가 사는 지역의 언어에 대한 능란한 지식, 온유하고 매력 있는 성품, 깊은 신앙 가운데 하나님께 드려진 마음-이런 것들이 다른 모든 지식이나 은사들보다도 더 우리로 하여금 인류의 구속이라는 위대한 일을 하는 데 있어서 하나님의 도구가 되기에 적합하게 한다. _윌리엄 캐리의 형제들, 세람포르

사역의 극단적 경향

사역에는 두 개의 극단적 경향이 있다. 하나는 사람들과의 접촉을 단절하는 것이다. 수도사나 고대의 은둔자가 그 예이다. 그들은 하나님과 함께 있는 시간을 더 많이 갖기 위해 사람들과 고립되어 지냈다. 물론 그들은 실패했다. 우리와 하나님과의 교제는 그로 인한 무한한 유익을 사람들에게 나눌 때에 비로소 유용하게 된다.

기독교 지도자들이 연구에 파묻히고, 학도가 되고, 책벌레가 되고,

성경 연구가가 되고, 설교 제조가가 되고, 문헌과 사상과 설교에 유명한 사람이 되는 일이 종종 있다. 그러나 하나님과 사람은 어디에 있는가? 하나님과 사람은 그들의 머리에도, 마음에도 없다. 위대한 사상가요 위대한 학도인 설교자는 무엇보다도 가장 위대한 기도자가 되어야 한다. 그렇지 않으면 하나님의 평가 기준으로 볼 때 그들은 최고의 배도자, 마음이 없는 직업인, 합리주의자가 되고, 설교자 중 가장 작은 설교자보다 못한 자가 된다.

다른 하나의 경향은 사역을 철저하게 대중적으로 하는 것이다. 그렇게 되면 사역은 더 이상 하나님의 것이 아니요, 사람이나 일을 위한 사역이 되고 만다. 이제 그는 그의 사역이 사람을 위한 것이므로 기도하지 않는다. 그가 사람들을 감동시키고, 종교에 유리한 흥미와 감정을 일으키고, 교회 일에 관심을 가지게 할 수 있다면, 그는 그런 것들로 만족한다.

그와 하나님과의 개인적 관계는 그의 사역에서 중요한 요소가 되지 못한다. 기도는 그의 계획 가운데서 거의 혹은 전혀 자리를 차지하지 못한다. 이러한 사역으로 인해 생기는 재앙과 파탄은 이 세상의 계산법으로 측정할 수가 없다. 설교자가 자신과 신자들을 위해 기도로 하나님께 아뢰는 것, 그것이 바로 교인들에게 선을 끼칠 수 있는 능력이며, 또한 이 세상과 영원한 세상에서 그의 진정한 열매와 하나님께 대한 진정한 충성이 된다.

설교자가 충분한 기도를 하지 않으면, 그의 영이 그 고귀한 소명이 지닌 신성한 성격과 조화되지 못한다. 설교자가 의무감을 가짐으로써, 사역과 일에 충성을 다함으로써 적응하고 자격을 갖출 수 있다고 생각한다면 그것은 엄청난 실수이다. 심지어는 취미로, 일로, 또는 재주로 끊임없이 머리를 짜내서 설교문을 작성하는 것도 역시 기도에 나태하게 하여 마음을 하나님으로부터 멀어지게 하고 완악하게 하고 소원하게 만든다. 과학자는 자연 속에서 하나님을 잃을 수 있다. 마찬가지로 설교자도 설교 가운데 하나님을 잃어버릴 수 있다.

천국 문이 활짝 열리는 때

기도는 설교자의 마음을 새롭게 하며, 마음이 하나님과 일치되고 사람들을 동정하게 하며, 사역이 냉랭한 직업이 되지 않게 하고, 일상적인 일에 열매가 있게 하며, 하나님의 기름부으심의 능력으로 모든 부분들이 활력을 갖게 한다.

스펄전은 이렇게 말한다.

"물론 설교자는 모든 다른 사람들보다 더 뛰어난 기도의 사람이어야 한다. 그가 일반 신자만큼 기도하지 않는다면 위선자일 것이며, 일반 신자보다 더 기도하지 않는다면 자신이 맡은 직분을 감당할 자격이 없는 자이다. 만일 당신이 사역자로서 많이 기도하지 않는다면, 당신은 불쌍한 사람이다. 만약 당신이 하나님을 만나는 일에 게으르다면, 당신뿐만 아니라 당신의 교인들까지도 불쌍한 사람들이다. 그리고 당신이 수치를 당하며 당황하는 날이 오고야 말 것이다. 골방에 비하면 모든 신앙 서적과 연구는 빈 껍데기에 지나지 않는다. 성전에서 기도하고 금식하는 시간은 실로 고귀한 날이다. 그때처럼 천국 문이 활짝 열리는 일이 없으며, 우리 마음이 하나님의 영광에 가까이 가는 일이 없기 때문이다."

기도하는 사역이 되게 하는 기도는 좋은 냄새가 나게 하려고 향수를 뿌리는 식의 작은 기도가 아니요, 피와 뼈와 살과 온몸에서 나오는 기도다. 기도는 한편 구석으로 밀어 던질 보잘것없는 의무도, 살아가면서 틈틈이 생기는 자투리 시간에 간단히 해치우는 것도 아니다. 기도는 가장 좋은 시간에, 우리의 황금 시간에 우리의 힘을 다 들여야 하는 것이다.

즉, 골방은 연구에 빼앗겨서도 안 되고 마땅히 해야 할 사역 활동에 희생되어서도 안 된다. 골방이 첫째요, 연구와 활동은 둘째다. 연구와 활동은 골방으로 인해서 생기를 얻고 열매를 맺는다.

사역에 영향을 주는 기도는 그 사람의 삶의 특성을 결정짓는 것이어야 한다. 인격의 특색과 성향을 결정하는 기도는 대충 적당히 시간을 때우는 기도가 아니다. 그것은 마치 예수님이 "심한 통곡과 눈물로"히 5:7 기도하신 것처럼 심령과 삶 깊숙한 곳으로 들어가는 기도다. 그것은 바울이 큰 근심으로 기도한 것처럼 영혼으로 크게 근심하게 하는 기도다. 그것은 야고보의 "역사하는 힘이 많은"약 5:16 기도처럼 마음속에 불을 지피고 힘을 주는 기도이며, 금향로에 넣어서 하나님 앞에 향을 피울 때에 강력한 영적 해산의 고통과 변혁을 초래하게 하는 기도다.

뛰어난 기도의 사람이 되라

기도는 우리가 어머니 치마에 매달릴 때 얻은 사소한 버릇도 아니고, 식사 시간에 잠시 나누는 덕담도 아니다. 그것은 우리에게 가장 중요한 시간에 하는 가장 진지한 일이다. 기도는 우리가 갖는 가장 긴 만찬이나 가장 푸짐한 잔치보다 더 많은 시간과 더 많은 식욕을 가지게 하는 것이다.

설교를 많이 하는 사람일수록 기도를 많이 해야 한다. 우리가 하는 기도의 성격이 설교의 성격을 결정한다. 가벼운 기도는 가벼운 설교를 낳는다. 기도는 설교를 강하게 하고, 설교에 기름을 부으며, 설교가 방망이가 되게 한다. 훌륭한 결과를 가져오는 훌륭한 사역에는 반드시 기도가 중요한 일을 한다.

설교자는 무엇보다도 먼저 뛰어난 기도의 사람이어야 한다. 기도의 학교에서는 오로지 마음으로만 설교를 배울 수 있다. 많은 교육이 기도의 실패를 보충할 수 없다. 진지함과 부지런함과 연구와 은사가 기도의 부족을 보완해 주지는 못한다.

하나님을 위해 사람들에게 말하는 것은 위대한 일이다. 그러나 사람들을 위해 하나님께 고하는 일은 훨씬 더 위대하다. 사람들을 위해 하나님께 고하는 방법을 잘 배우지 못한 사람이 하나님을 위해 사람들에게 이야기하는 데 성공한다는 것은 결코 있을 수 없는 일이다. 더욱이 강단 위에서든 강단 아래서든 기도 없는 말은 한낱 죽이는 말밖에 될 수 없다.

기도의 능력
Power Through Prayer

윌리엄 캐리
William Carey 1761-1834

인도에 복음을 전하는 데 생애 대부분을 바친 윌리엄 캐리는 흔히 현대 선교의 아버지, 또는 선구자로 불리고 있다. 유럽과 미국의 교회와 신자들에게 경악에 가까운 선교적 각성을 주었고 선교 단체를 조직하는 일에 있어서도 엄청난 영향을 끼친 인물이기 때문이다. 만민에게 복음을 전파하라는 그리스도의 지상 명령이 여전히 모든 그리스도인을 향해 주어지고 있다고 확신했던 그의 필생의 모토는 이것이었다.

노샘프턴셔 지방에 있는 캐리의 생가

**하나님으로부터 위대한 일을 기대하라.
하나님을 위해 위대한 일을 시도하라.**

캐리는 영국 노샘프턴셔 지방의 노동자 집안에서 태어나 궁핍하고 소망 없는 성장기를 보냈으며, 한때는 구두 수선일을 하기도 했다. 꿈을 키우고 건강한 야망을 품는 대신 세상에 대한 분노와 비관에만 젖어 있던 그는 예수 그리스도를 영접하면서 놀라운 변화를 겪는다. 그리고 꿈꾸는 소년이 된 그날 이후로 구두 수선 가게 앞에다 세계 지도와 다음과 같은 세 가지 표어를 적은 종이를 붙여 놓고 기도하기 시작했다.

구두 수선공 캐리

큰 비전을 가지라 Great Vision
큰 기도를 하라   Great Pray
큰 기대를 걸라   Great Expect

캐리는 분명한 비전을 보았기에 주위의 조롱과 의혹과 반대에 흔들리지 않고 해외 선교에의 꿈을 키워 나갔고 결국은 염원하던 대로 인도 땅에 발을 들어놓을 수 있었다.

1793년도에 있었던 그의 인도행은 선교사(史)에서 기억할 만한 사건이 되었다. 이로써 영어 사용권 국민의 해외 선교가 시작되었다고 볼 수 있는 이유에서다. 캐리는 여러 가지 어려움에도 불구하고 캘커타에서 16마일 떨어진 포르투갈령 세람포르에 정착하였고, 이후로 34년간 사역을 펼쳐 그 지역을 영국 침례교 선교의 중심지로 승화시켰다.

세람포르의 그리스도인 마을

언어학자로서의 은사를 갖고 있던 캐리는 놀라울 정도로 빠른 속도로 인도의 방언을 익혀 나갔다. 그는 성경 번역 사업을 중요한 과제로 여겨 벵갈어, 산스크리트어, 마라디어로 성경을 완역하는 한편, 협력자들과 함께 23개국어로 신약을 번역하는 등 번역 사역에 혼신을 다하였다.

전도의 결실은 초창기에는 미미하였다. 그러나 그의 고심과 열의는 헛되지 않아 점차 열매를 맺기 시작했고, 사역을 시작한 지 25년이 지난 후에는 약 600명의 수세자와 수천 명에 달하는 입교인을 얻게 된다. 1819년 그는 인도

첫 회심자에게 세례를 주는 캐리

기도의 능력
Power Through Prayer

조슈아 마쉬먼

윌리엄 워드

세람포르 대학

학생만으로 구성된 세람포르 대학을 개교하는 또 하나의 업적을 세우기도 했다.

캐리는 충실한 동역자인 조슈아 마쉬먼Joshua Marshman, 윌리엄 워드William Ward와 함께 '세람포르 트리오'라고 불리며 이 일들을 수행하였는데, 이들이 이렇게 세운 선교의 기초에 대해서 영국의 정치가이자 자선 사업가인 윌버포스William Wilberforce는 영국 민족의 대표적인 영광들 가운데 하나라고 칭송하기도 했다.

그의 사업은 교육 차원에서 그치지 않았다. 정부로 하여금 유아 살해, 미망인 분사焚死와 같은 전통에 근거한 악습들을 추방하도록 촉구하였으며, 선교 사역 분야에서도 인도인이 선교사로 활약하는 길을 장려하였다. 또한 인도 농업 조합을 세우는 데 기여하는 등 인도인의 권익을 위해서도 헌신하였다.

세람포르에 남아 있는 캐리의 설교단

후원자 하나 없이 초연히 떠난 순례자의 길이었지만, 40여 년의 세월 동안 죽는 날까지 그 땅을 떠나지 않고 몸바친 그의 사역은 현대 선교 사역의 중요한 한 유형이 되었다. 인도로 가기 전부터 열렬하게 전개하였던 해외 선교의 필요성에 대한 호소와 실제적인 선교 활동은 이후의 선교 사업에 지대한 영향을 미쳤으며, 그 영향력은 지금까지도 영속적으로 이어져 오고 있다. 그의 선교는 무엇보다도 사랑에 근거한 자기 희생적인 삶의 길이었다. 또한 끊임없이 자기를 성찰하고 채찍질하는 구도자의 길이었다. 또한 진정한 의미에서의 꿈꾸는 자답게 기도하고 또 기도하는 여정이었다.

브라만 학자와 토론하는 캐리

1812년 그를 방문한 아도니람 저드슨 Adoniram Judson이 어떻게 그렇게 수많은 역경을 이겨낼 수 있었는지 물었을 때 그가 한 답변은 그래서 더욱 우리의 심금을 울린다. 그는 당시 저드슨을 안내하며 정원 한구석으로 데려가 이렇게 말하였다.

"여기가 바로 나의 예배 장소이자 기도와 묵상의 자리입니다. 이 자리가 없었다면 나는 계속해서 닥쳐온 고난을 이겨내지 못했을 것입니다. 나는 매일 새벽 5시마다 이 자리에 와서 하나님께 기도합니다. 그리고 하나님이 지으신 저 꽃들을 바라보며 묵상을 하고 이야기를 합니다. 나는 6시경에 들어가서 아침을 먹고 하루 일과를 시작합니다. 저녁이 되면 밥을 먹고 나서 손에 성경을 들고 다시 이 자리로 옵니다."

세람포르에 있는 캐리의 묘

Part 2. 먼저 하나님께 나아가라

Power Through Prayer

먼저 하나님께 나아가라
기도로 성공한 사람들
새벽에 하나님이 도우시리로다
능력의 비결은 기도다

5

먼저 하나님께 나아가라

당신은 기도의 가치를 알고 있지 않는가. 기도는 그 무엇보다 귀중하다. 결코, 결코 기도를 소홀히 하지 말라. _토머스 벅스톤 경

사역자에게 필요한 것은 첫째도 기도요, 둘째도 기도요, 셋째도 기도다. 그렇다면 내 사랑하는 형제여! 기도하라, 기도하라, 기도하라. _에드워드 페이슨

하나님께 나아가는 길

설교자의 삶에서, 설교자의 연구에서, 그리고 설교자의 강단에서 기도는 뚜렷하고 어느 곳에나 스며 있는 힘이 되어야 하며, 또한 모든 것을 특징짓는 것이어야 한다. 기도가 제이차적 부분이 된다든가, 단순히 장식하는 것이 되어서는 안 된다.

설교자에게 기도가 주어진 것은 "밤이 맞도록 기도하며" 주님과 함께 있게 하기 위해서이다. 설교자는 자기를 부인하는 기도로 자신을 훈련시키기 위하여 "새벽 오히려 미명에 일어나 나가 한적한 곳으로 가사 거기서 기도하신" 주님을 바라보아야 한다.

설교자의 서재는 골방과 벧엘, 제단, 환상 그리고 사다리가 되어야 한다. 그리하여 하나님이 서재 가운데 계심을 인하여, 모든 생각이 사람 쪽으로 가기 전에 먼저 천국을 향해 올라가야 하며, 설교의 곳곳에 하늘의 냄새가 스며 있어야 하며 진지함이 있어야 한다.

불이 붙지 않으면 엔진이 움직이지 못하는 것같이 설교도 영적 결과에 관한 한, 기도로 불이 붙고 증기를 내뿜기 전까지는 제아무리 멋지고 완벽하고 매끈해 보인다고 할지라도 죽어 있는 것에 지나지 않는다.

강력한 기도의 힘이 설교 안에, 뒤에, 그리고 전체에 있지 않으면 설교의 구조와 섬세함과 능력은 아무 소용이 없는 쓰레기가 되고 만다. 설교자는 기도로써 하나님이 설교 속에 계시게 해야 한다. 설교자는 자신의 말로 사람들을 하나님께로 인도하기 전에, 먼저 기도로 하나님께서 사람들을 움직이시게 해야 한다.

설교자는 청중 앞에 나아가기 전에 먼저 하나님 앞에 나아가 들어야 한다. 설교자가 하나님께로 나아가는 길이 열려 있으면, 사람들에게 나아가는 길은 보장되어 있다.

그저 하나의 습관으로 또는 관례적으로나 직업적으로 하는 기도는 죽은 것이요 썩은 것이라는 사실은 되풀이하고 또 되풀이할 필요가 있다. 그런 기도는 우리가 간구하는 기도와는 아무 관계가 없다.

진정한 기도의 힘

우리는 진정한 기도를 강조한다. 그것은 설교자의 모든 고귀한 자질에 불을 붙여준다.

진정한 기도는 그리스도와 하나 되고 성령으로 충만함에서 나오는 기도다. 진정한 기도는 민망히 여기는 마음이라는 깊고 넘쳐흐르는 샘에서, 인간의 영원한 행복을 염원하는 무한한 고독에서 흘러나온다. 그것은 하나님의 영광을 원하는 불타는 열심에서 나오며, 설교자의 일이 어렵고 까다로운 일이어서 하나님의 강력한 도우심이 필수적이라는 철저한 확신에서 나온다.

이러한 엄숙하고 심원한 확신들에 근거하고 있는 기도만이 진정한 기도라고 할 수 있다. 그러한 기도의 뒷받침을 받는 설교만이 인간의 마음속에 영원한 생명의 씨를 뿌리며 사람들을 천국을 향해 자라 갈 수 있게 한다.

조금만 기도하거나 전혀 기도하지 않아도 인기 있는 설교, 즐거운 설교, 마음을 사로잡는 설교, 훌륭한 모양과 형식을 갖춘 지적인 설교를 할 수 있다.

그러나 하나님의 목적을 이루는 설교가 되려면 본문에서 내용에 이르기까지 기도에서 태어난 것이어야 하며, 기도의 영과 힘으로 전달되어야 하며, 설교를 들은 지 오랜 후에도 설교자의 기도에 의해서 들은 이의 마음에 살아 있는 힘으로 남아 있어서 계속적으로 빛을 발해야 한다.

거의 기도하지 않는 것

우리는 우리의 설교가 영적으로 빈곤한 것에 대해 여러 가지로 변명할 수 있다. 그러나 그 진정한 이유는 하나님께서 성령의 능력 가운데 임재하시기를 간구하는 기도가 결여된 데 있다.

설교의 원리에 따라 훌륭한 설교를 할 수 있는 사람은 수없이 많다. 그러나 그런 설교의 효과는 하나님과 사탄, 천국과 지옥 사이의 치열한 전투가 벌어지고 있는 영적 영역에는 미치지 못한다. 기도에 의해 능력으로 힘을 입고 영으로 승리하지 못하기 때문이다.

하나님께 강력한 결과를 가져오는 설교자는 사람을 설득하기 전에 하나님께 간구하는 데에 승리하는 사람이다. 골방에서 하나님과 함께하는 데에 강한 설교자는 강단에서 사람을 대하는 데에도 강하다.

설교자는 인간이다. 그래서 설교자는 종종 인간적 조류의 강한 파도에 휩쓸리거나 표류하기도 한다. 기도는 영의 일이다. 인간의 속성은 힘든 영적 일을 싫어한다. 인간의 속성은 순풍에 잔잔한 바다 위로 항해하여 천국에 가기를 원한다. 기도는 자기를 낮추는 일이다. 그것은 인간의 지성과 자존심을 부끄럽게 하고, 헛된 영광을 십자가에 못박고, 영적 타락을 경고해 준다. 이런 모든 것은 우리의 혈과 육이 견디기 어려운 것들이다.

이러한 것들을 견디기보다는 기도하기를 포기하기가 더 쉽다. 이럴 때, 아니 어쩌면 항상, 한 가지 악을 만나게 되는데 그것은 바로 기도를 "거의 하지 않는 것" 또는 "전혀 하지 않는 것"이다. 이 두 개의 악 중에서 "거의 기도하지 않는 것"이 "전혀 기도하지 않는 것"보다 더 악하다고 본다. 왜냐하면 거의 기도하지 않는 것은 일종의 위선이요, 양심의 노예요, 광대의 극이요, 또한 미치광이의 짓이기 때문이다.

하나님의 사명에 충실하라

우리가 기도를 소홀히 여기는 것은 기도에 별 시간을 들이지 않는 것으로 증명된다. 보통의 설교자들이 기도에 바치는 시간은 매일 기도하는 양으로 계산되는 경우가 거의 없다. 설교자들이 기도하는 것은 잠자리에 들기 전에 잠옷바람으로 또는 아침에 일어나서 옷을 입기 전에 서둘러 잠깐 기도하는 것으로 끝나는 경우가 흔하다.

시간과 정력을 들여 기도했던 성경 안팎의 거룩한 사람들의 기도에 비할 때 그런 기도는 얼마나 약하고 헛되고 보잘것없는 것인가! 진정한 하나님의 사람들의 습관에 견주어 볼 때 우리의 기도는 얼마나 초라하고 유치한가!

기도를 자신의 주된 일로 생각하고, 기도를 중요하게 여기는 만큼 기도에 시간을 바치는 사람들에게 하나님은 천국의 열쇠를 맡기신다. 그리고 그들을 통해서 이 세상에서 그분의 영적인 이적을 행하신다. 위대한 기도는 위대한 하나님의 지도자라는 표이며 인증이다. 동시에 그것은 또한 그들의 수고에 대해 하나님께서 씌워 주실 승리의 면류관에 대한 보증이다.

설교자는 설교할 사명과 똑같이 또한 기도할 사명을 부여받았다. 만약 그가 이 두 가지 사명을 다 충실히 하지 못한다면 그는 사명을 온전히 감당한 것이 아니다. 혹 설교자가 천사의 소리와 사람의 웅변을 다하여 말할지라도, 하늘의 모든 도움을 이끌어내는 믿음의 기도를 할 수 없다면, 그의 설교는 "소리 나는 구리와 울리는 꽹과리"가 되어 영원토록 하나님을 영화롭게 하고 영혼을 구원하는 데는 소용이 없는 것이 될 것이다.

6

기도로 성공한 사람들

내가 메마르고 열매가 없는 주된 원인은 설명이 잘 되지 않는 기도 생활의 퇴보에 있다. 나는 준비된 마음으로 읽고, 듣고, 이야기하고, 쓸 수 있다. 그러나 기도는 이런 것들보다 더 내적인 것이며 보다 더 신령한 것이다. 그리고 보다 더 신령한 일일수록 나의 육적인 마음은 거기에서 떠나려고 한다. 기도와 인내와 믿음은 결코 우리를 실망시키지 않는다. 만약 내가 목사가 되기 원한다면, 기도와 믿음을 통해서만 가능하다는 것은 오래 전에 이미 배웠다. 내 마음이 기도하는 자세를 갖추고 자유롭게 기도할 수 있을 때, 다른 모든 것은 상대적으로 쉬워진다. _리처드 뉴턴

성공의 지배적인 요인

참으로 성공적인 모든 사역에서 기도는 분명하고도 지배적인 요인이라는 것은 영적 진리라 할 수 있다. 기도는 설교자의 삶에서 분명하고 지배적인 요인이며, 그의 사역이 심오한 영성을 가지는 데도 분명하고 지배적인 요인이다.

기도가 없는 사역도 매우 사려깊은 사역일 수 있다. 기도하지 않는 설교자도 명성과 인기를 얻을 수 있다. 설교자의 삶과 사역 전체가 기도의 기름 없이도 또는 약간의 윤활유만 있어도 잘 돌아갈 수 있다. 그

러나 기도가 분명하고 지배적인 요인이 되지 않는 한, 어떤 사역도 신령한 사역이 되지 못하며, 설교자와 그의 설교를 듣는 사람들에게 거룩함을 주지 못한다.

진정으로 기도하는 설교자는 하나님을 사역 속에 모셔들인다. 하나님께서 사역자의 일 속에 임하시는 것은 저절로 혹은 일반 원리에 따라 이루어지는 것이 아니다. 하나님은 기도를 통해 간구하거나 특별히 긴급한 일이 생겼을 때 임하신다.

전심으로 하나님을 찾을 때 하나님을 만날 수 있다는 것은 회개하는 사람이나 설교자에게 다같이 해당되는 진리이다. 기도가 충만한 사역만이 설교자로 하여금 사람들을 동정하게 만든다. 본질적으로 우리가 기도로 하나님과 연합되는 것처럼 사람들과도 기도로 연합된다. 기도가 넘치는 사역만이 설교자로 그 숭고한 직무와 책임을 감당할 수 있게 한다.

대학이나 학식, 서적, 신학, 설교가 설교자를 만드는 것이 아니라 기도가 설교자를 만든다. 사도들의 설교 사명은 그들이 기도하여 맞이한 오순절로 충만해질 때까지 전혀 이루어지지 않았다. 기도하는 사역자는 인기의 영역을 초월하고, 단순히 일을 하는 사람을 능가하고, 현실을 초월하고, 멋진 설교를 초월하고, 교회 지도자의 자리를 초월하여, 더 숭고하고 더 능력 있는 영역으로, 더욱 신령한 영역으로 나아

간다. 그가 이루어내는 것은 거룩이다. 변화된 마음과 삶이 그의 사역의 실상을, 진실성을, 그리고 진정한 속성을 찬란하게 장식한다.

하나님이 그와 함께하신다. 그의 사역은 세상적, 표면적 원리 위에 이루어지지 않는다. 그는 하나님의 것을 깊이 간직할 뿐 아니라 깊이 알고 있다. 그는 성도들을 놓고 하나님과 갖는 길고 깊은 교제와, 고뇌하며 씨름하는 영혼으로 인해 하나님의 일에서 왕의 면류관을 쓰게 된다. 그의 뜨거운 기도는 벌써 오래 전에 단순한 입술의 고백에서 오는 냉랭함을 녹여버렸다.

피상적 결과만 있는 많은 사역들, 죽어 있는 사역들은 기도 부족에 원인이 있다. 어떤 사역도 많은 기도 없이 성공할 수 없다. 기도는 근본적이어야 하고, 끊임없어야 하고, 계속 증가해야 한다.

설교 본문의 선택도, 내용도, 기도의 결과여야 한다. 연구도 기도에 흠씬 젖어야 한다. 그의 임무도 기도로 잉태되어야 한다. 온 영이 기도의 영으로 잉태되어야 한다.

기도하는 사람들의 공통점

"나는 기도를 너무 적게 한 것이 유감이다."

이 말은 하나님의 택함을 받은 사람들이 임종시에 하는 후회이며, 설교자에게는 안타깝고 회한에 찬 후회다. 대감독 테이트Archibald C. Tait

아치볼드 C. 테이트 Archibald C. Tait 1811-1882 　영국 성공회 성직자. 1868년 캔터베리 대감독직에 오른 그는 강력한 리더십을 발휘하여 자신의 교구를 영국 교회 내에서 선도적인 위치로 회복시켜 놓았다. 종파 간의 화해를 주장하고 분열을 일으킬 만한 쟁점들을 피해 복음주의자들과 고교회주의자들 모두에게서 배척을 당하기도 했으나, 왕명을 받아 예배 의식을 개정하고 성공회·교회의 대변인 역할을 하는 등 정치력 면에서는 큰 힘을 발휘한 것으로 평가받는다.

는 "나는 보다 위대하고 보다 깊고 보다 진실한 기도 생활을 원한다."고 하였다. 우리도 그렇게 말할 수 있어야 하며, 또 그렇게 될 수 있다.

하나님의 참된 설교자는 하나의 위대한 특성에 의해 구별된다. 그것은 기도의 사람이라는 특성이다. 종종 여러 면에서 다른 점을 나타내지만, 그들은 언제나 공통의 중심을 갖는다. 그들은 다른 점에서 출발할 수도 있고 다른 길로 걸어갈 수도 있으나 결국은 한 점에 귀착한다. 그 한 점은 기도다. 그들에게 하나님은 인력의 중심점이며, 기도는 하나님께로 가는 길이다. 이들은 경우에 따라서만, 규칙적으로 조금씩, 혹은 시간이 남을 때만 기도하지 않는다.

그들의 기도는 인격에 스며들고 인격을 형성하며, 자신과 다른 사람들의 삶에 영향을 주며, 교회의 역사를 이루며 시대의 흐름을 좌우한다. 그들이 기도에 많은 시간을 바치는 것은 시간표를 짜놓았기 때문이 아니고, 기도가 결코 저버릴 수 없는 중대하고 매력적인 일이기 때문이다.

그들에게 있어 기도는 바울에게 그랬던 것처럼 영혼의 진정한 노력으로 이루어지는 하나의 투쟁이요, 야곱에게 그랬던 것처럼 씨름해서 이기는 기도요, 그리스도께 그랬던 것처럼 "심한 통곡과 눈물"의 기도이다.

그들은 "모든 기도와 간구로 하되 무시로 성령 안에서 기도하고 이를 위하여 깨어 구하기를 항상 힘쓰며"엡 6:18 기다린다.

"효과적이고 간절한 기도"는 가장 강한 하나님의 군병의 가장 강력한 무기이다. 엘리야에 대한 기록 중 "엘리야는 우리와 성정이 같은 사람이로되 비 오지 않기를 간절히 기도한즉 삼년 육개월 동안 땅에 비가 아니 오고 다시 기도한즉 하늘이 비를 주고 땅이 열매를 내었느니라"약 5:17-18고 한 말씀은 모든 선지자들과 전도자들이 하나님의 백성을 움직여 왔음을 알려 주며 또한 그들이 기적을 낳을 수 있는 도구가 무엇이었던가를 보여준다.

하나님과의 교제 시간

대체로 개인 기도는 짧아야 하고, 공기도는 반드시 짧고 간결해야 한다. 그리고 즉흥적인 기도도 필요하고 중요하다.

그러나 하나님과의 개인적인 교제에서 시간은 근본적으로 가치 있는 특징이라 할 수 있다. 하나님과 함께 많은 시간을 보내는 것이 모든 성공적 기도의 비결이다.

강한 능력을 느끼게 하는 기도는 직접적 혹은 간접적으로 많은 시간을 하나님과 교제한 데서 오는 산물이다. 우리의 짧은 기도는 그것에 앞서 드려진 긴 기도에 그 근거를 두고 있다. 짧고 능력 있는 기도는 이에 앞서 오랫동안 하나님과 씨름하여 이긴 자만 할 수 있는 것이다. 야곱의 믿음의 승리는 밤새도록 씨름하지 않고서는 얻어질 수 없었다.

하나님과의 사귐은 갑자기 이루어지지 않는다. 그는 우연히 또는 바쁘게 들락날락하는 이에게 그분의 은사를 주시지 않는다. 홀로 하나님과 더불어 많은 시간을 갖는 것이 그분을 아는 비결이요, 그분의 영향을 받는 비결이다.

하나님은 그분을 아는 믿음의 끈질김에 굴복하신다. 하나님은 그분의 은사에 대한 이해와 소원을 진지하고 꾸준하게 표시하는 자에게 가장 풍성한 은혜를 주신다. 다른 일은 물론 이 일에 있어서도 우리의 모범되시는 그리스도께서는 여러 차례 밤을 새워 기도하셨다. 그의 습관은 많이 기도하는 것이었다. 그는 고정된 기도의 장소를 갖고 계셨다.

오랜 시간의 많은 기도는 그의 생애와 인격을 형성했다. 바울은 밤낮을 가리지 않고 기도했다. 다니엘은 중요한 일을 제쳐두고 하루에 3번씩 기도했다. 다윗의 새벽, 낮 그리고 밤 기도는 많은 경우 오래도록 지속되었다. 성경에는 이들 성경에 나오는 여러 성도들이 기도로 많은 시간을 보냈다는 구체적인 설명이 없지만, 그들은 기도로 많은 시간을 바쳤으며 어떤 경우에는 오랜 시간의 기도가 그들의 습관이었다는 것을 암시해 주고 있다.

물론 기도하는 시간에 따라 기도가 평가된다는 생각을 하게 하려는 것은 아니다. 다만 홀로 하나님과 함께하는 시간을 많이 가져야 할 필요성을 강조하는 것이다. 만약 이런 특성이 우리의 신앙에 의해 형성되지 않으면 우리의 신앙은 약하고 피상적인 것에 지나지 않음을 명심해야 할 것이다.

위대한 기도의 사람들

예수 그리스도를 자신의 인격 속에서 가장 잘 나타냈던 사람들, 그리고 그리스도를 위해 세상에 가장 강력한 영향을 주었던 이들은 모두 하나님과 많은 시간을 보냈고, 그러한 습관이 그들의 생활 특징이 되었던 사람들이다.

찰스 시므온 Charles Simeon은 새벽 4시부터 8시까지를 하나님께 기도하는 시간에 드렸다.

찰스 시므온 Charles Simeon 1759-1836 복음주의 지도자. 성공회가 지배하는 영국 사회에서 복음주의 신앙을 받아들인 후 의식에 치중하고 감독 중심적인 고교회파에 반대하는 복음주의 운동(저교회파 운동)을 이끈 인물. 1782년 케임브리지 홀리트리니티 교회의 관할 사제로 임명받은 이래 종신토록 그곳에서 목회 활동을 하면서 설교자로 성경 주석가로 이름을 떨치는 한편, 영국 성서공회를 장려하고 영국 성공회 선교 협회와 런던 유대인 선교회를 설립하는 데 공헌했다.

존 플레처 John Fletcher 1729-1785 존 웨슬리 시대의 가장 독실하고 유능한 목사들 가운데 한 사람. 대규모 부흥회의 대중 설교자로 위명을 떨쳤던 그는 대단한 열정으로 복음의 평이한 진리들을 설교했으며, 평생에 걸친 충성스러운 목회로 당대의 여러 목회자들에게 귀감이 되었다. 성자와도 같은 경건함, 보기 드문 헌신, 그리고 정결한 삶의 태도 등은 웨슬리로 하여금 "영원한 저 세상에서 만나게 될 사람 가운데 가장 거룩한 사람일 것"이라는 찬사를 남기게 하였다.

웨슬리John Wesley는 매일 2시간씩 기도했다. 그는 새벽 4시에 기도를 시작했다. 그를 잘 아는 사람이 그에 대해 이런 글을 썼다. "그는 다른 어떤 일보다도 기도를 중시했다. 그리고 나는 그가 빛을 발하는 듯한 얼굴로 기도실에서 나오는 것을 보곤 했다."

존 플레처John Fletcher는 기도의 호흡으로 그의 방 벽을 물들였다. 때로 그는 밤을 새워 기도했다. 항상 그리고 때때로 가장 진지하게 그는 기도했다. 그의 생애는 한마디로 기도의 생애였다. "나는 내 마음을 하나님께 드리지 않고는 결코 자리에서 일어나지 않겠다."고 그는 말했다. 그의 친구에 대한 인사는 항상 "내가 기도하면서 당신을 만나는가?"였다.

루터Martin Luther는 "만약 내가 매일 새벽 2시간을 기도로 보내지 않는다면, 그 날의 승리는 마귀에게로 돌아갈 것이다. 나는 할 일이 너무 많기 때문에 매일 3시간씩 기도하지 않고는 일어날 수가 없다."고 했다. 그의 좌우명은 "기도를 잘한 사람은 연구를 잘한 사람이다."였다.

대감독 레이턴Robert Leighton은 홀로 하나님과 함께하는 시간이 너무

6. 기도로 성공한 사람들 | 67

나 많았기 때문에 마치 영원한 묵상 속에 있는 것처럼 보였다. 그의 전기를 쓴 사람은 "기도와 찬양은 그의 일이요 기쁨이었다."고 말한다.

켄Thomas Ken 감독은 하나님과 많은 시간을 함께하였기 때문에 그의 영혼은 하나님으로 무장되어 있다고 일컬어졌다. 그는 매일 새벽 3시 종이 치기 전에 하나님과 함께하는 시간을 시작했다.

애즈베리Francis Asbury 감독은 말했다. "나는 할 수 있는 한 새벽 4시에 일어나서 2시간 동안 기도와 묵상으로 보낼 작정이다."

경건의 향기가 지금까지도 풍성하게 풍기고 있는 새뮤얼 러더포드 Samuel Rutherford는 기도로 하나님과 교제하기 위해 매일 새벽 3시에 일어났다.

고전『천국에의 초대』의 저자인 조셉 얼라인Joseph Alleine은 항상 4시에 일어나 8시까지 기도했다. 그가 일어나기 전에 다른 상인들이 일을 하려고 왕래하는 소리를 듣게 되면 그는 "아, 이 얼마나 큰 수치인가, 나의 주님이 저들의 주인보다 못하단 말인가!" 하며 안타까워했다. 기도하는 일을 잘 배운 사람은 천국의 무궁한 보화를 받아 누리게 된다.

조셉 얼라인 Joseph Alleine 1634-1668 영국의 비국교도 성직자. 존 오웬과 같은 위대한 청교도 거장들에게서 영향을 받은 그는 청교도 박해 때 여러 차례 투옥되는 고초를 겪으면서도 꺼지지 않는 영력으로 그리스도의 복음을 전하는 데 최선을 다한 인물이다. 그의 저서『천국에의 초대』(초판 제목은『회개에의 경종』)는 그가 죽은 뒤인 1671년에 출간된 이후로 수없이 재판되면서 휘트필드, 스펄전 등을 비롯하여 수많은 사람들에게 살아 있는 말씀의 힘을 증거하여 왔다.

경건하고 다재다능한 스코틀랜드의 한 설교자는 이렇게 말했다.

"나는 가장 귀중한 시간을 하나님과 교제하는 데 보내지 않으면 안 된다. 그것은 가장 고상하고 가장 많은 결실을 맺는 작업이며, 결코 구석으로 밀어 놓을 일이 아니다. 6시부터 8시 사이의 아침 시간은 가장 방해를 덜 받는 시간으로, 여기에 사용되어야 한다. 차를 들고 난 다음 시간은 가장 좋은 시간이다. 나는 이 시간을 경건하게 하나님께 바쳐야 한다. 잠자리에 들기 전에 기도하는, 어릴 때부터 익혀온 습관을 버려서는 안 된다. 그러나 이때에는 잠을 경계해야 한다. 밤중에 눈이 뜨이면 일어나 기도해야 한다. 아침 식사 후의 짧은 시간은 남을 위해 중보하는 시간으로 보내면 좋을 것이다."

이것은 로버트 맥셰인Robert M. McCheyne의 기도 계획이었다. 옛날 감리교도의 기도는 우리를 부끄럽게 한다. "아침 4시 또는 5시부터 – 개인 기도, 저녁 5시에서 6시까지 – 개인 기도."

경건하고 놀라운 생애로 이름이 나 있는 스코틀랜드의 설교자 존 웰치John Welch는 하루에 8시간 내지 10시간을 기도로 보내지 않으면

로버트 M. 맥셰인 Robert M. McCheyne 1813-1843 스코틀랜드의 목회자. 1839년 앤드루 보나 등과 더불어 유대인의 상황을 조사하기 위해 팔레스타인에 파견되었다가 돌아오는 길에 스코틀랜드와 영국 북부 지방에 이르는 복음 전도 운동을 성공적으로 전개하였다. 짧은 생이었으나 시종일관 경건한 복음 전도자로서의 모습을 잃지 않았던 그의 생애는 친우 앤드루 보나가 회고록을 엮어 출판하면서 알려지게 되었고, 이후로 그의 성자와도 같았던 삶은 수많은 개신교도들에게 영향을 끼쳐 왔다.

그날 하루는 잘못 보냈다고 생각했다. 그는 늘 밤중에 일어나 기도할 때 뒤집어쓰려고 담요를 준비하곤 했다. 그의 아내는 방바닥에 엎드려 울고 있는 남편을 보고 불평하곤 했다. 그러면 그는 이렇게 대답했다고 한다. "내가 기도해 주어야 할 영혼이 3천 명이나 되오. 그런데 나는 그들이 어떤 상태에 있는지 모른단 말이요."

윌슨Daniel Wilson 감독은 말했다. "마틴Henry Martyn의 일기 가운데서 가장 나에게 인상적이었던 것은 그의 기도의 정신과 그가 기도에 바친 시간과 그가 기도에 쏟은 정열이다."

페이슨Edward Payson은 너무나 자주 그리고 오랫동안 무릎을 꿇었던 까닭에 단단한 나무 판자에 홈이 패이게 되었다. 그의 전기 작가는 이렇게 쓰고 있다.

"그가 어떤 여건 속에서도 끊이지 않고 기도한 것은 그의 이력 가운데 가장 두드러지는 사실이다. 그리고 이것은 그의 명성에 도전하는 모든 사람들의 일임을 지적해주고 있다. 그의 눈부시고 지속적인 성공의 비결은 의심할 바 없이 그의 뜨겁고 꾸준히 계속된 기도에 기인하였다."

헨리 마틴 Henry Martyn 1781-1812　영국의 인도 선교사. 일찍이 선교 사역에 일생을 바치기로 결심하고 아프리카와 동양 선교회에서 봉직하다가 1806년 동인도회사의 전속 사제로 인도에 부임하였다. 캘커타를 시작으로 갠지스강 상류 지역에서 원주민들에게 전도 활동을 벌이는 한편, 성경 번역 작업에도 헌신하여 신약성경의 힌두어, 페르시아어 역본을 완성하였다. 이슬람교도들과의 논쟁에서 풍부한 학식과 수완을 발휘하며 돌풍을 일으키기도 했으나, 선교 여행 도중 말라리아로 아까운 생을 마감했다.

윌리엄 브램웰 William Bramwell 1759-1818 영국 감리교의 전도자. 제혁공으로 견습 생활을 하던 중 웨슬리의 감화를 받고 열정적인 전도자로 거듭난 인물이다. 노동자들의 시간에 맞추기 위해 매일 새벽 5시에 기도회를 주관할 만큼 그의 신앙적인 열의는 뜨거웠다. 1786년 감리교 연회로부터 승인을 받은 후로는 정식 전도자가 되어 13년간 감리교회의 설교자로 일하면서 '부흥 전도자'로서의 명성을 높였다. 전해지는 바로는 감리교인으로서 그만큼 많은 개종자를 얻은 사람도 없다고 한다.

그리스도를 그 무엇보다도 귀하게 여겼던 드랑티Gaston J. B. DeRenty가 한번은 사환에게 30분이 지나면 기도하는 자기를 불러 달라고 말했다. 시간이 되어 사환 아이는 문틈으로 그의 얼굴을 들여다보았다. 그 모습이 어찌나 거룩하였던지 사환은 그를 부르고 싶지 않았다. 그의 입술은 계속 움직이고 있었지만 고요한 상태였다. 사환은 30분이 세 번이나 지나도록 기다렸다가 그를 불렀다. 그러자 드랑티는 무릎을 꿇고 있다가 일어나면서 그리스도와 교제할 때는 30분이 너무 짧다고 말했다.

데이비드 브레이너드David Brainerd는 말했다. "나는 나의 오두막집에 혼자 있기를 좋아한다. 거기서는 오랜 시간을 기도로 보낼 수 있기 때문이다."

윌리엄 브램웰William Bramwell은 감리교 역사에서 성결된 생활과 성공적인 설교, 놀라운 기도 응답으로 유명하다. 그는 몇 시간씩 기도하곤 했다. 그는 거의 무릎을 꿇고 살았다. 그는 마치 "불꽃처럼" 그의 교구를 순방했다. 그가 기도에 드린 시간으로 인해 불이 붙여졌다. 때로 그는 4시간이나 되는 긴 시간 동안 한적한 곳에서 기도하였다.

앤드류스Lancelot Andrewes 감독은 매일 5시간을 기도와 말씀 묵상에 드렸다.

헨리 해블록Henry Havelock 감독은 매일 처음 두 시간을 홀로 하나님과 교제하는 시간으로 사용했다. 야영이 6시에 시작되면 그는 4시에 일어나 기도했다.

얼 케언즈Earl Cairns는 매일 6시에 일어나 1시간 30분을 성경 공부와 기도에 드리고 8시 15분 전에 가정 예배를 시작했다.

저드슨Adoniram Judson 박사가 하나님의 일에 성공한 것은 많은 시간을 기도에 바쳤기 때문이라고 할 수 있다. 이 점에 대하여 그는 이렇게 말했다.

아도니람 저드슨 Adoniram Judson 1788-1850 미국의 미얀마 선교사. 신학생 시절부터 복음 전도에 대한 열정을 품었던 그는 1812년 갓 결혼한 아내와 다른 4명의 선교사들과 함께 하나님 나라의 확장의 꿈에 부풀어 인도로 향하였다. 그러나 영국 동인도 회사의 배척에 부딪히면서 미얀마 랑군으로 이주하게 되었고, 선교사 박해로 이름 높았던 그곳에서 일생을 헌신하게 된다. 미얀마 말을 익히기 위해 절치부심하던 그는 불교 경전어인 팔리어까지 배웠고, 설교뿐 아니라 성경 번역 사업과 출판에도 힘을 쏟았다. 교회와 학교를 세우고 설교자를 훈련시키는 등의 선구적인 노력은 마침내 토착민으로 구성된 약 50만 명에 달하는 침례교 공동체가 생겨나게 했다. 1824년에 발발한 미얀마-영국 전쟁 와중에 그는 다른 선교사들과 함께 감금되어 심한 고문을 당하고 지옥 같은 수용소 생활을 해야 했는데, 풀려나자마자 아내와 딸을 잃는 고통까지 겪었다. 이로 인한 충격으로 사람들과의 관계를 끊고 은둔하기도 했으나, 모든 시련을 하나님에 대한 굳건한 신앙으로 이겨내고 오히려 더한 열정으로 오늘날까지 전설처럼 남아 있는 선교 사역을 죽는 날까지 계속해 나갔다.

"할 수만 있으면 하루에 두세 시간을 내어 단순한 경건의 시간이 아니라 은밀한 기도와 하나님과의 교제를 가지도록 계획을 하십시오. 하루에 일곱 번씩 일과 사람들로부터 벗어나 한적한 곳에서 하나님께 영혼을 드리도록 하십시오. 자정 후에 일어나 얼마간의 시간을 밤의 어둠과 고요 속에서 이 성스러운 일에 바침으로써 하루를 시작하십시오. 새벽의 날이 밝는 시간을 기도하는 가운데서 맞을 수 있도록 하십시오. 9시, 12시, 3시, 6시, 밤 9시에도 그렇게 하십시오. 주님을 위해 단호히 임하십시오. 이를 지속할 수 있도록 모든 실제적인 희생을 치르십시오. 그대의 시간은 극히 짧다는 것을 명심하여, 그대의 사업과 친구들이 그대에게서 하나님을 빼앗아 가지 못하도록 하십시오."

우리는 "불가능한 일입니다."라고 할 것이다. 광적인 제안이라고 할 것이다.

저드슨 박사는 한 나라에 "그리스도의 영향을" 끼칠 수 있었다. 그는 미얀마의 심장에 불멸의 대리석으로 하나님 나라의 기반을 닦아 놓았다.

그는 그리스도를 위해 세계에 강력한 영향을 끼친 소수의 인물 가운데 하나가 되었다. 저드슨 박사보다 많은 은사와 재능과 학식을 가진 사람이 많지만 그만큼 강력한 영향을 끼치지는 못했다. 그들의 활동은 "모래 위의 발자국" 같은 것이다. 그러나 그는 강철 위에 그의 업적을 새겨놓았다.

그의 심오하고 영속적인 영향력은 어디에서 왔는가? 기도에 많은 시간을 바쳤다는 것에 있다. 그는 기도로 강철이 늘 빨갛게 달구어져 있게 했고, 하나님의 기술은 영원한 능력으로 그것을 다듬었다.

기도의 사람이 아니고는 아무도 하나님을 위하여 위대한 일을 할 수 없다. 기도에 많은 시간을 드리지 않는 사람은 결코 "기도의 사람"이 될 수 없다.

끈질기게 기도로 씨름하라

기도는 단순히 단조롭고 기계적인 습관을 가지는 것일까? 기도는 우리가 훈련을 받아 마침내 "고분고분하고 피상적이고 단조롭고 짤막함"을 주된 성격으로 하는 행위일까? "기도는 보통 사람들이 생각하는 것처럼 몇 분, 몇 시간씩 안이한 공상을 하는 동안에 흘러나오는 감정의 반수동적인 연기 같은 것일까?"

리든 Henry P. Liddon 은 말한다.

헨리 P. 리든 Henry P. Liddon 1829-1890 영국 성공회 성직자. 사제 서품을 받은 후 여러 신학교의 고위 행정 직위에 있었으며, 1870년에는 런던 세인트폴 대성당 참사회원에 임명되어 박력 있는 설교로 오랜 동안 청중을 매료시켰다. 연설가로서의 그의 명성은 그가 1866년에 펼친 뱀프턴 강연에서부터 높아졌는데, 이 강연은 이듬해 『우리의 주, 우리의 구세주 예수 그리스도의 신성』이란 제목으로 출간되기도 하였다. 학자로서의 면모도 갖추고 있어서 옥스퍼드 대학교의 성경 해석 교수를 지내기도 했다.

"진정으로 기도해 본 경험이 있는 사람들에게 대답을 들어보십시오. 그들은 기도를, 야곱이 그랬던 것처럼 보이지 않는 힘과 씨름하는 것으로 묘사합니다. 이 씨름은 때로 밤늦게까지 아니면 새벽녘까지 계속됩니다. 때때로 그들은 남을 위한 중보의 기도를 사도 바울처럼 연합하여 싸우는 싸움이라고 부르기도 합니다.

그들은 기도할 때에 겟세마네의 중보자께 눈을 고정시킵니다. 그분은 땀방울이 핏방울이 되도록 기도한 분입니다. 끈질김은 성공적인 기도의 진수입니다. 끈질김이란 몽롱한 것이 아니라 지속적인 것을 의미합니다. 특히 하늘 나라가 침노를 당하고 침노하는 자가 빼앗는 것은 기도를 통해서입니다."

해밀턴Walter K. Hamilton 감독은 이렇게 말했다.

"기도를 가장 흥미있고 동시에 가장 필요한 과제로 생각하여 진지하게 준비하고, 또한 꾸준히 지속할 일로 여기고 시작하지 않는 사람은 기도에서 별로 많은 효험을 이룰 수 없다."

7

새벽에 하나님이 도우시리로다

나는 아무도 만나기 전에 기도해야 한다. 때로 늦잠을 잤을 때나 또는 다른 사람을 일찍 만나게 될 때는 11시나 12시가 다 되어서야 은밀한 기도를 시작하게 된다. 이것은 비참한 일이다. 이것은 성경적이 아니다. 그리스도께서는 새벽 오히려 미명에 일어나 한적한 곳으로 가셨다. 다윗은 "새벽에 하나님이 도우시리로다.", "아침에 주께서 나의 소리를 들으시리라."고 했다. 가정 기도는 그 힘과 달콤한 맛을 거의 다 잃어버렸다. 그래서 나에게 도움을 바라고 찾아오는 사람들에게 도움을 줄 수가 없다. 양심은 가책을 느끼고, 영혼은 굶주리고, 영의 등불을 밝히는 심지는 청소되지 못한 상태다. 그럴 때는 은밀한 기도를 해도 영혼이 올바른 상태가 아니다. 하나님과 함께 시작하는 것이—다른 것과 가까이하기 전에, 먼저 그의 얼굴을 뵙는 것이, 내 영혼이 그분 가까이 가게 하는 것이 훨씬 좋다고 생각한다. _로버트 맥세인

하나님을 향한 강렬한 열망

이 세상에서 하나님을 위해 가장 많은 일을 한 사람들은 아침 일찍 무릎을 꿇은 사람들이다. 이른 아침을, 그 신선함과 기회를 사용하여 하나님을 찾기보다 다른 일에 낭비해 버리는 사람은 하루 종일 하나님을 찾는 일에 별 진전을 보지 못하기 마련이다. 이른 아침에 하나님이 우리의 생각과 노력에서 첫자리를 차지하지 않는다면, 하나님은 하루 종일 맨 마지막 자리를 차지하게 될 것이다.

이처럼 일찍 일어나 간절히 기도하는 것 이면에는 하나님을 찾게 하는 강한 욕구가 있다. 아침의 무관심은 정함이 없는 마음의 표시이다. 아침에 하나님을 찾지 않는 마음은 하나님을 향한 의욕을 상실한 마음이다.

다윗의 마음은 하나님을 향하여 불붙는 듯했다. 그는 하나님을 갈급해 했고 갈증을 느꼈다. 그래서 날이 새기 전에 일찍 하나님을 찾았다. 하나님을 향한 강렬한 열망 때문에 침상도 곤한 잠도 그의 영혼을 얽어맬 수 없었다.

그리스도는 하나님과의 교제를 갈구했다. 그래서 날이 새기도 전에 일어나 한적한 곳으로 가서 기도하셨다. 잠이 깬 후, 너무 많은 잠을 잔 데 대해 부끄러움을 느낀 제자들은 예수님께서 어디에 계신지를 알 수 있었다.

이밖에도 하나님을 위하여 세계에 큰 영향을 끼쳤던 사람들을 얼마든지 열거할 수 있다. 이들은 한결같이 아침 일찍 하나님을 찾은 사람들이다.

하나님을 향한 갈망이 잠의 사슬을 깨뜨릴 수 없다면 그 갈망은 약해서 충분히 잠을 자고 난 후에도 하나님을 위해서 별 일을 할 수 없다. 이른 아침 하나님을 향한 욕구가 마귀와 세상의 욕구보다 뒤진다면 아무것도 할 수 없다.

아침 일찍 하나님을 간절히 찾으라

　사람을 전선으로 보내 하나님의 군대 대장이 되게 하는 일은 단순히 일찍 일어나는 것으로 되지 않는다. 모든 육적 방종과 탐닉의 쇠사슬을 끊어버릴 수 있는 강한 열망이 있어야 한다.

　일찍 일어나는 것은 열망을 갖게 하고, 열망을 더 증가시키고, 힘을 더하여 준다. 하지만 잠자리에 누워 육신이 원하는 대로 한다면 그 열망은 사라지게 될 것이다. 열망이 잠을 깨워 하나님을 만나는 것으로 가게 해야 한다. 이 부르심에 대한 세심한 주의와 순종이 그들로 하여금 하나님을 붙들게 하고 가장 아름답고 충만한 계시를 얻게 하는 것이다.

　이런 믿음의 힘과 계시의 충만함이 그들을 탁월한 성도로 만들었고, 그들의 성스러운 생활의 후광이 우리에게까지 비쳐 내려온다. 우리는 다만 기쁨에 동참할 뿐 노력에는 동참하지 않는다. 우리는 그들의 무덤을 만들고 비문을 쓰지만, 그들의 모범을 따르는 데는 관심을 두지 않는다.

　우리 세대는 하나님을 찾되 간절히 찾는 설교자를, 아침의 신선함과 이슬을 주님께 드리고 대신 하나님의 능력의 신선함과 충만함을 받아 분주한 하루 생활 중에도 기쁨과 힘이 충만한 설교자를 필요로 한다.

하나님을 찾는 일에 게으른 것은 울어 마땅한 죄이다. 이 세상의 자녀가 우리보다 훨씬 더 지혜롭다. 그들은 일찍부터 늦게까지 분주히 일한다. 그러나 우리는 부지런히 열심히 하나님을 찾지 않는다. 열심히 하나님을 찾는 사람이 아니면 하나님을 만날 수 없다. 아침 일찍 하나님을 찾지 않는 영혼은 하나님을 열심히 찾는 영혼이 아니다.

8

능력의 비결은 기도다

오늘날 목회에서는 영적 영향력이 눈에 띄게 부족하다. 나는 이것을 나 자신에게서 느끼고, 또 다른 사람에게서 본다. 우리 안에 천박하고 잔재주를 부리며 책략을 쓰려는 기질이 너무 많지 않은가 우려한다. 우리는 지나치게 이사람 저사람의 취향과 편견에 맞추려 애쓴다. 사역은 중대하며 성스러운 일이다. 그것은 우리에게 소박한 영적 습관과 모든 결과에 대한 거룩하고도 겸손한 무관심을 요구한다. 사역자들의 가장 큰 결함은 경건의 습관의 결여이다. _리처드 세실

반드시 가져야 하는 것

역사상 오늘날과 같이 성스러운 그리스도인이 필요한 때는 없었다. 더욱더 절실하게 요구되는 것은 하나님께 드려진 성스러운 설교자이다.

세상은 엄청난 속도로 움직이고 있다. 사탄이 세상을 쥐고 통치하면서 모든 움직임을 자기의 목적에 맞추려고 애쓰고 있다.

기독교는 최선을 다하여 가장 매력적이고 완전한 모델을 제시해야 한다. 어떻게 해서든 현대의 성도는 성령을 통하여 가장 고상한 이상

과 가장 큰 가능성을 고취받아야 한다.

바울은 에베소 교회가 측량할 수 없는 성스러움의 높이와 깊이와 너비를 헤아리고 하나님의 모든 충만하신 것으로 충만하게엡 3:19 하기 위하여 무릎을 꿇고 살았다. 에바브라는 골로새 교회가 하나님의 뜻 안에서 완전하게 서게 하기 위하여골 4:12 애써 수고하며 끈질긴 기도의 생활을 하였다.

사도 시대에는 모든 곳, 모든 일에서 하나님의 사람들이 연합하여 "하나님의 아들을 믿는 것과 아는 일에 하나가 되어 온전한 사람을 이루어 그리스도의 장성한 분량이 충만한 데"엡 4:13 이르게 하기 위해 애썼다.

영적 난쟁이를 장려하지 않았고, 믿은 지 오래된 영적 어린아이를 격려하지 않았다.

어린아이는 자라야 했고, 나이든 이들은 연약함 대신에 열매를 맺고 살이 찌고 생산을 해야 했다. 기독교에서 가장 신령한 것은 신령한 남녀 성도들이다.

아무리 돈이 많은 사람이라도, 아무리 놀라운 천재라도, 아무리 교양 있는 인물이라도 하나님의 일을 할 수 없다. 영혼에 활력을 주는 경건함과 사랑으로, 더 많은 믿음과 더 많은 기도와 더 많은 열심과 더 많은 성별에 대한 갈망으로 불타는 전 인격, 바로 이것이 능력의 비결이다.

이것들이 우리에게 필요한 것이고, 우리가 반드시 가져야 하는 것이다. 그러므로 사람은 하나님이 불붙이신 전적 헌신의 화신이 되어야 한다.

이것이 부족하기 때문에 하나님의 일이 지체되었고, 하나님의 대의가 기를 못 쓰고, 하나님의 이름이 수모를 당하고 있다. 아무리 고상하고 재주 많은 천재도, 아무리 학식이 많고 세련된 학자도, 지위도, 명성도, 자리도 이 하나님의 병거를 움직일 수 없다. 불붙는 힘만이 이를 움직일 수 있는 것이다.

밀턴과 같은 천재라도 할 수 없다. 레오의 제국을 휘잡을 수 있는 힘도 할 수 없다.

하지만 브레이너드의 영은 이것을 할 수 있다. 브레이너드의 영은 하나님을 향하여, 영혼을 향하여 불타고 있었다. 세상의 어떤 힘도, 육적인 어떤 힘도 이 모든 것을 굴복시키고 모든 것을 태우는 이 강력한 힘과 불을 당해 내지 못했다.

하나님에 대한 헌신

기도는 헌신의 통로이면서 동시에 헌신의 제조자이다. 헌신의 영은 기도의 영이다. 기도와 헌신은 영과 육이 연합되듯이, 생명과 심장이 붙어 있듯이 서로 연합되어 있다. 헌신 없이 참된 기도가 있을 수 없고 기도 없이 참된 헌신이 있을 수 없다.

설교자는 가장 거룩한 헌신의 상태에서 하나님께 자신을 드려야 한다. 그는 직업인이 아니다. 그의 사역은 직업이 아니다.

그것은 하나님이 임명하신 것이며 하나님께 대한 헌신이다. 그는 하나님께 바친 바 되었다. 그의 목표와 포부와 야망은 하나님을 위한 것이고 하나님을 향한 것이다. 이런 사람에게는 음식이 생명을 유지하는 데에 절대로 없어서는 안 되는 것처럼, 기도는 중요하고 필수적인 것이다.

설교자는 다른 무엇보다도 먼저 하나님께 헌신된 사람이어야 한다. 설교자와 하나님과의 관계는 그의 사역의 표징이며 신임장이다. 이것은 분명하고 결정적이고 틀림없는 것이어야 한다. 평범하고 표면적인 유형의 경건이 그의 표징이 되어서는 안 된다.

그가 은혜에 뛰어나지 못하다면 다른 모든 것에서도 뛰어날 수 없다. 설교자가 생활과 인격과 행위로 설교하지 않는다면 그는 전혀 설교하지 않는 것이다. 그의 경건이 경박한 것이라면 설교가 아무리 음악처럼 부드럽고 달콤할지라도, 또는 아볼로의 은사를 가졌더라도, 결국 새의 깃털의 무게에 불과할 것이고 아침 이슬의 사라짐같이 사라질 것이다.

하나님께 바친 헌신—목회자의 인격과 행위에서 이것을 대치할 만한 것은 없다. 교회에 대한 헌신, 의견이나 특정한 기관에 대한 헌신, 정통 교리에 대한 헌신—이런 것들이 영감의 원천이 될 때는 모두 잘못된 것이고 헛된 것이다.

하나님이 설교자의 노력의 원천이 되어야 하며, 하나님께서 모든 수고의 샘과 절정이 되어야 한다. 예수 그리스도의 이름과 영광, 그의 뜻의 실현이 모든 것이 되어야 한다.

설교자는 예수 그리스도의 이름 이외에 다른 영감을 가질 수 없으며, 예수 그리스도께 영광을 돌리는 것 외에 다른 야망이 필요 없고, 하나님을 위한 수고 외에 다른 수고를 해서는 안 된다. 그럴 때에 기도가 조명의 원천이 되고, 영속적인 발전의 수단이 되고, 성공의 가늠자가 된다. 설교자가 가질 수 있는 유일한 야망은 하나님과 함께 있는 것이다.

기도가 없는 시대

기도가 가지는 가능성에 대한 산 증거가 오늘날같이 필요한 시대는 없었다. 깊고 진지한 기도만이 참된 복음의 힘을 대표할 모델이 될 수 있다. 기도 없는 시대는 하나님의 능력의 모델을 가질 수가 없다. 기도 없는 마음은 결코 이 고원에 오를 수 없다. 그 시대가 이전 시대보다 더 나을 수는 있다.

그러나 발전된 문명의 힘에 의해 이루어진 진보와 기도로 인한 "거룩함과 그리스도의 형상"의 증가로 이루어진 발전과는 커다란 차이가 있다.

그리스도께서 오셨을 당시 유대인들은 과거 어느 때보다도 좋은 상태에 있었다. 바리새 종교의 황금 시대였던 것이다. 그런데 그들의 종교적 황금 시대가 그리스도를 십자가에 못박아 죽였다.

기도가 더 많아지지도 않았고 기도가 더 줄지도 않았다. 세사가 더 늘어나지도 않았고 줄어들지도 않았다. 우상 숭배가 더 늘어나지도 더 줄어들지도 않았다.

성전 예배가 더 늘어나지도 않았고 하나님 예배가 줄어들지도 않았다. 하나님을 입술로 섬기는 일이 많아지지도 않았고 마음의 예배가 줄어들지도 않았다(입술로 하나님을 섬긴 그 사람들의 손과 마음이 하나님의 아들을 십자가에 못박았다). 교회 출석이 더 늘어나지 않았고 성도들이 줄어들지도 않았다.

성도를 만들어내는 것은 기도의 능력이다. 거룩한 인격은 참된 기도의 능력에 의해 이루어진다. 참된 성도가 많을수록 기도가 많아지고, 기도가 많아질수록 참된 성도가 많아진다.

거룩한 기도의 용사

하나님께서는 과거에도 그리고 지금도 기도를 많이 하는 헌신된 설교자-삶에서 기도가 강력하고 지배적이며, 두드러진 힘을 발휘하는 사람들-를 쓰신다.

세상은 그들의 힘을 느꼈다. 하나님도 그들의 힘을 느끼시고 높여 주셨다. 그들의 기도에 의해 하나님의 큰 뜻이 강력하고도 신속하게 이루어질 수 있었다. 그들의 인격에는 거룩함이 하나님의 광채로 빛났다.

하나님께서는 찾고 계시던 이상적인 인간을 데이비드 브레이너드에게서 발견하셨다. 브레이너드의 업적과 이름은 역사 속으로 사라져 버렸다.

그는 평범한 사람이 아니었다. 그는 누구와 함께하더라도 빛을 발할 수 있었다. 지식 많고 재능 많은 사람들과 함께할 수도 있었고, 가장 멋진 강단에서도 적응할 수 있었고, 아주 세련되고 교양이 있어서 그를 목사로 맞아들이려고 안달하는 사람들 사이에서도 수고할 수 있었다.

조나단 에드워즈는 그에 대해 이렇게 증거한다.

"브레이너드는 뛰어난 재능을 가진 청년으로, 인간과 사물에 대해 비범한 지식을 소유했으며, 보기 드문 화술을 지니고 있었고, 이론에 탁월했으며, 젊은이로서 특별하게 경건했고, 신앙과 관련된 모든 문제에 있어 서는 더욱 그랬다. 참된 신앙의 성격과 진수에 관해 그와 같이 정확하고 분명한 개념을 지니고 있는 사람을 그의 나이 또래에서 만나 본 적이 없다. 그의 기도하는 자세는 거의 흉내도 낼 수 없는 것이어서 그에게 필적할 만한 사람을 찾을 수 없을 정도였다. 그의 학문은 아주 대단한 것이었다. 또한 그는 강단에 특출한 은사를 가진 사람이었다."

지상 인간의 연대기 중에서 데이비드 브레이너드의 것만큼 숭고한 것은 없다. 어떤 기적도 이 사람의 생애와 사역만큼 기독교의 진리를 신성한 능력으로 증명해 주지 못한다.

아메리카의 황량한 들판에서 밤낮 치명적인 병과 싸우면서, 영혼을 보살피는 법을 배운 적도 없는 그가 손과 마음에 하나님의 말씀을 가지고 이교도 통역자를 통하여 인디언들에게 접근할 때, 그의 영혼은 거룩한 불로 타올랐다.

그는 기도로 자신의 영혼을 하나님께 쏟을 장소와 시간을 찾으면서 하나님에 대한 예배를 온전히 확립시켰고 그에 따른 은혜로운 열매를 얻었다.

인디언들에게는 무식하고 비천한 이교에서 순수하고 경건하고 지성적인 기독교로 전향하는 대변화가 일어났다. 모든 악이 개혁되었고, 기독교의 외적인 규범이 일제히 받아들여져서 실행에 옮겨졌다.

가정 기도가 생기고, 주일이 정해져 경건하게 지켜졌다. 믿음이 주는 내적인 은혜가 갈수록 아름답게 강력하게 나타났다.

이 모든 결과의 해답을 우리는 데이비드 브레이너드에게서 발견한다. 환경이나 사건이 아닌 인간 브레이너드에게서 해답을 발견하는 것이다. 그는 하나님의 사람이었다. 처음부터 끝까지 아니 언제나 그는 하나님을 위해 산 사람이었다.

하나님께서는 아무런 장애를 받지 않고 그를 통하여 일하실 수 있었다. 온 통로가 하나님의 충만하고도 강력한 능력이 통과할 수 있도록 넓혀지고 깨끗이 정리되어 있었다.

그래서 하나님께서 강력한 능력으로 소망 없고 미개한 황야에 임하셔서 그곳을 꽃 피고 열매 맺는 동산으로 변화시키실 수 있었던 것이다. 하나님께서 적당한 사람을 발견하시기만 하면, 못하실 일이 없는 것이다.

브레이너드는 거룩한 삶, 기도의 삶을 살았다. 그의 일기는 금식과 묵상과 한적한 곳에서의 기도에 관한 기록으로 가득 차 있다. 매일 혼자 기도하며 보낸 시간이 몇 시간씩 되었다.

그는 이렇게 썼다.

"내가 집에 돌아와서 금식과 기도와 묵상에 잠길 때면, 나의 영혼은 금욕과 자기 부인과 겸손과 세상 일로부터의 분리를 갈망한다. 나는 이 땅과는 아무 상관도 없다. 오직 하나님을 위해 정직하게 땅에서 일할 뿐이다. 땅이 제공할 수 있는 것을 위해서는 일 분도 살고 싶지 않다."

그의 생애와 사역에 그와 같이 놀라운 힘을 주었던 것은 기도였다. 그는 이와 같은 법칙에 따라 기도했다.

"하나님과의 영교에서 오는 달콤한 기쁨과 하나님의 사랑의 강권하는 힘, 그리고 그 힘이 영혼을 사로잡고 모든 욕망과 감정을 하나님께 맞추지 않을 수 없게 하는 것을 느끼면서, 나는 오늘을 은밀한 금식과 기도로 보내기로 작정한다. 복음을 전파하는 위대한 일에 나를 축복해 주시기를 바라면서, 그리고 주님께서 나를 돌아보셔서 그의 빛을 보여 주시기를 갈구하면서 나는 기도에 임한다.

오전에는 별로 생명과 능력이 없었다. 오후 중간쯤 되어서는 보이지 않는 친구들을 위해 열심히 씨름하는 중보 기도를 드릴 수 있도록 해주셨다. 그러나 주님께서는 한밤중에 놀랍게 나를 찾아주셨다. 나의 영혼이 이와 같이 갈등을 느낀 적은 없었던 것 같다. 나는 어떤 속박도 느끼지 않았다. 하나님께서 주시는 은혜의 보화가 나에게 열렸기 때문이다. 나는 친구들을 위하여, 영혼 구원을 위하여, 수많은 불쌍한 영혼을 위하여, 멀리 떨어져 있는 하나님의 자녀들을 위하여 씨름했다.

해가 뜬 후 한 시간이 되기 전부터 거의 어두워질 때까지 고뇌하면서 온통 땀으로 젖어 있었다. 그러나 아무것도 하지 못한 것같이 느껴졌다. 아, 나의 구주께서 불쌍한 영혼을 위하여 피땀을 흘려주셨다. 나는 그들을 위하여 더 많은 애정을 갖기 원한다. 나는 아직도 흐뭇함을 느낀다. 그리고 하나님의 사랑과 은혜를 담뿍 느끼며 나의 마음을 하나님께로 향한 채 잠자리에 들었다."

능력 있는 기도로 하나님과 동행하라

강한 기도의 사람들은 신령한 능력의 사람들이다. 기도는 결코 죽지 않는다.

브레이너드의 일생은 기도의 일생이었다. 밤에도 낮에도 그는 기도했다. 설교 전에도 설교 후에도 기도했다. 울창한 숲속을 뚫고 지나가면서도 그는 기도했다. 짚으로 된 침대에 누워서도 그는 기도했다. 빽빽이 나무가 들어선 숲속으로 혼자 들어가 기도했다. 매시간, 매일마다, 아침 일찍, 밤늦게 그는 기도했고, 금식했고, 하나님과 영교하면서 그의 영혼을 쏟았다.

그는 능력 있는 기도로 하나님과 동행했고 하나님은 능력 있게 그와 동행하셨다. 이로 인하여 그는 죽었지만 여전히 살아서 말하고 일한다.

세상 끝날까지 계속 그럴 것이다. 그리고 영광스러운 그날에 그는 영화롭게 된 자들 가운데 가장 윗자리에 있게 될 것이다.

조나단 에드워즈는 그에 대하여 이렇게 말했다.

"그의 생애는 사역에서 성공하는 정도正道를 보여준다. 그는 군인이 전투에서 승리를 추구하는 것처럼 그 길을 찾았다. 그리스도와 영혼을 향한 사랑에 자극을 받은 그가 어떻게 일했던가? 항상 열렬하게 일했다. 공적 사적으로 말과 교리로만이 아니라 밤낮 기도하며 말할 수 없는 고뇌와 신음으로 은밀한 중에, 해산의 고통을 겪으며 하나님과 씨름했다. 마침내 하나님께서 보낸 사람들의 마음속에 그리스도의 형상이 이루어졌다. 그는 야곱의 친아들이나 되는 것처럼 밤중부터 새벽까지 영혼의 씨름을 계속했다."

기도의 능력
Power Through Prayer

데이비드 브레이너드
David Brainerd 1718-1747

미국 인디언들을 위한 최초의 선교사, 브레이너드는 교회 역사에 나타난 가장 위대한 기도 위인 중 한 사람이라는 평을 받고 있다. 불과 5년밖에 되지 않는 사역이었지만, 그의 짧은 생애 내내 불타올랐던 복음 전파의 열정과 끝간 데 모르는 헌신, 그리고 숱한 이들의 영혼을 뒤흔든 영향력은 그를 교회사상 중요한 인물이 되게 하는 데 부족하지 않은 것이었다.

브레이너드가 성장기를 보낸 코네티컷 강변

브레이너드는 1718년 코네티컷, 해덤에서 청교도 집안 지방 대지주의 아들로 태어났다. 유복한 환경이었으나 9살에 부친을 12살에 모친을 여의면서 지워지지 않는 깊은 슬픔으로 인해 영혼의 문제에 천착하는, 지나칠 정도로 진지하고 사려 깊은 소년으로 자라났다. 21세가 되던 1739년에 예일대학교에 입학한 그는 학교의 비신앙적인 분위기에 충격을 받은 데다 대각성 운동에 대해 호의적이지 않았던 학교 당국과의 마찰로 인해 급기야 퇴학을 당하고 만다. 이 일은 브레이너드의 삶에 있어 전환점이 되

존 서전트가 세운 인디언 선교사의 집

었다. 에버니저 펨버턴Ebenezer Pemberton, 존 서전트John Sergeant 등 영향력 있고 깨어 있던 여러 목회자들로부터 다양한 교육을 받을 기회를 얻으면서 불쌍한 영혼들과 그리스도의 나라의 확장에 대한 사명에 눈을 뜨기 시작했기 때문이다. 이때부터 시작된 식음을 전폐하고 밤낮을 가리지 않고 드리는 기도와 집요한 묵상은 그가 인디언 선교를 결심하게 되기까지 지속되었다. 그의 일기문에는 당시 그를 사로잡 았던 생각과 결단이 기록되어 있다.

미국 군대에서 척후 활동을 하던 델라웨어 인디언들

……내가 여기 있사오니, 나를 보내소서. 나를 세상 끝으로 보내소서. 거친 땅, 광야에 사는 사나운 이교도들에게로 나를 보내소서. 세상의 모든 안락을 버리게 하소서. 당신을 섬기는 일이며 당신의 나라가 이 땅에 이루어지는 것을 위해서라면 죽음도 두렵지 않습니다.

1743년, 결국 브레이너드는 넘치는 열정과 의욕으로 광야 생활에 대한 준비와 인디언 언어 공부도 없이 무작정 스톡브리지 근처의 델라웨어 인디언들 틈으로 뛰어들었다. 이로 인해 초기에는 열매 없음으로 인한 고독감과 상실감에 고통을 받기도 했으나 그는 이후로 죽는 날까지 당시 비인간적인 취급을 받던 인디언들의 동료로, 형제로 살았다.

그는 짚더미에서 자기를 마다하지 않았고 옥수수죽에 만족하였다. 숲 속에서 길을 잃고 늑대의 먹이감이 되는 위험도 불사하였다. 두려움과 고통이 연속되는 삶을 그는 기꺼이 감수하면서 인

성장한 델라웨어족 여성

기도의 능력
Power Through Prayer

디언 말을 배우고 복음을 전하기 위해 무인지경의 정글을 수도 없이 오고갔고, 온 밤을 깨어 기도드리는 일에 쉼을 두지 않았다. 더디기만 했던 시간은 지나고 1745년 여름 드디어 인디언들 사이에서 큰 부흥이 일어나 풍성한 결실을 맺기 시작했다. 1745년 11월의 일기를 보면 기적과도 같은 이 부흥의 일화가 기록되어 있다.

인디언 마을을 순회하는 브레이너드

오늘은 인디언 여섯 사람이 신앙을 고백했다. 이 중에는 80세 된 할머니도 있었다. 또 한 사람은 살인을 저지른 적이 있는 사람이었다. 또한 술먹고 싸움질만 하기로 악명 높은 이도 있었다. ……집회에는 많은 눈물과 격렬한 흐느낌과 애통이 있었다. 자신을 위해서 우는 이가 있는가 하면 이웃과 친구를 위해서 우는 사람도 있었다. 그들의 그 눈물은 놀랍게도 세상 문제로 인한 것이 아니라 영적인 문제로 흘리는 것이었다.

인디언들에게 설교하는 브레이너드

문자 그대로 인디언들과 그들의 복음화를 위해 젊음을 산화시키는 일은 1746년 가을, 그가 탈진하다 못해 피를 토하며 쓰러질 때까지 계속되었다. 학생 시절부터 괴롭혀 왔던 결핵이 악화되었던 것이다.

마지막 몇 달 동안 약혼녀의 아버지였던 조나단 에드워즈 Jonathan Edwards의 집에서 병든 몸을 의탁했던 브레이너드는 숨이 떨어지는 마지막 순간까지 인디언들을 위해 기도하는 한편 떨리는 손으로 일기를 썼다. 1747년 10월 9일, 결국 그는 자신을 극진히 간호해 주던 약혼녀의 품에서 두 눈을 감았다. 향년 29세, 너무나 아까운 죽음이었다.

짧디짧은 생이었지만, 그의 삶은 수많은 사람들에게 도전을 주었다. 미국의 대각성 운동을 일으킨 조나단 에드워즈도 그렇고 영국에서 큰 부흥을 일으킨 존 웨슬리John Wesley도 그러하다. 또한 윌리엄 캐리William Carey, 헨리 마틴Henry Martyn, 짐 엘리오트Jim Elliot 같은 위대한 선교사들의 가슴에도 큰 감동의 불을 지폈다. 교회사가 라토렛K. S. Latourette은 "브레이너드는 수많은 사람의 가슴을 움직여 전도자와 선교사가 되도록 하였다."고 지적하였다. 자신을 전적으로 하나님께 헌신하되 하나도 남은 것이 없도록 완전히 불태운 그의 소박하면서도 끈질긴 경건의 생은 이렇게 해서 참된 부흥 운동과 선교 운동의 해일의 진원지가 되었다.

그가 남긴 유일한 유작인 『일기』에는 이런 글이 남아 있어 그의 한평생을 지배했던 기도에 공감하게 해 준다.

영혼을 주님께 인도할 수 있다면
내가 어디에 있든지 어떻게 살든지
또 무엇을 견디게 되든지 나는 관계치 않노라.
잠을 자면 저들을 꿈꾸고
잠을 깨면 첫째 생각이 잃어버린 영혼들이라.
아무리 박식하고 능란하며 또 심오한 설교와
청중을 감동시키는 웅변이 있을지라도
그것이 결코 인간의 심령에 대한
뜨거운 사랑의 결핍을 대신할 수는 없노라.

매사추세츠, 노샘프턴에 있는 브레이너드의 묘

Part 3. 기도하고 기도하게 하라

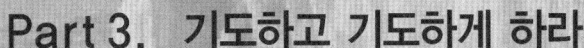
Power Through Prayer

머리보다 마음을 준비하라
거룩한 기름부으심을 받으라
골방의 불꽃에 담금질하라
기도하고 기도하게 하라

9

머리보다 마음을 준비하라

마음에서 나오지 아니한 것은 결코 마음에 이를 수 없으며, 살아 있는 양심에서 나오지 아니한 것은 결코 양심을 꿰뚫을 수 없다. _윌리엄 펜

이른 아침이면 나는 마음보다는 머리를 준비하는 데 몰입했다. 이는 내가 흔히 범하는 실수였다. 나는 항상 이것이 잘못임을, 특히 기도할 때 절실하게 느꼈다. 주여, 이런 저를 고쳐주시고 마음문을 열어주소서. 그러면 제가 선포하겠습니다. _로버트 맥세인

마음보다 머리가 더 들어간 설교는 듣는 사람에게 효과적으로 전달되지 못한다. _리처드 세실

마음을 돕는 기도

기도는 여러 면에 갖가지 능력이 있어서 우리 입으로 진리를 온전히, 그리고 자유롭게 전하도록 돕는다. 설교자는 기도로 만들어진다. 그러므로 설교자를 위해 기도해야 한다. 설교자의 입을 위해 기도해야 한다. 그의 입은 기도로 열려져야 하고 채워져야 한다. 거룩한 입은 기도로, 많은 기도로 만들어진다. 용기 있는 입은 기도로, 많은 기도로 만들어진다. 교회와 세상, 하나님과 천국은 바울의 입에 많이 힘입었

다. 바울의 입의 능력은 기도에서 온 것이다.

기도는 설교자에게 다양한 면에서 갖가지 방법으로 무한히 유익하다. 그 중에 한 가지는 설교자의 마음을 돕는 것이다.

기도는 설교자를 마음의 설교자로 만든다. 기도는 설교자의 전 마음을 설교 속에 불어넣는다. 기도는 설교를 설교자의 마음속으로 들어가게 한다. 마음이 설교자를 만든다. 위대한 마음의 소유자가 위대한 설교자이다. 마음이 사악한 사람들은 어쩌다가 착한 일을 할 수 있을시는 모르나 극히 드문 일이다. 품꾼이나 님이 양떼를 도울 수 있으나, 양떼를 축복하고 목자의 직분을 다하는 것은 오직 선한 목자의 마음을 가진 목자뿐이다.

가장 큰 문제

우리는 설교 준비를 강조한 나머지 준비해야 할 중요한 것–마음–을 잃어버린다. 준비된 마음이 준비된 설교보다 훨씬 낫다. 준비된 마음이 준비된 설교를 만든다.

설교 작성 기법을 자세히 다룬 책이 수없이 쓰여져서 이제는 이것만도 집채만하다는 생각이 들 정도다. 젊은 설교자들은 설교의 형식과 감각, 아름다움을 기계적 · 지적 산물로 여겨 힘을 쏟도록 교육받아 왔다. 그 결과 우리는 교인들에게 은혜 대신 재능을, 경건 대신 웅변을, 계시 대신 수사법을, 거룩함 대신 평판과 명성을 내세우는 좋지 못한 취향을 길러 왔다.

그리하여 우리는 설교의 참뜻을 상실하고 설교의 능력을 잃었고, 죄에 대한 사무치는 자각을 망각한 채, 풍부한 체험과 높은 인격을 잃어버리고, 참된 설교의 변함없는 결과인 양심과 삶에 대한 권위를 상실했다.

설교자들이 지나치게 많이 연구한다는 말이 아니다. 일부 설교자는 전혀 연구를 하지 않고, 일부는 충분히 공부하지 않는다. 많은 설교자들은 하나님의 일꾼으로 인정받을만큼 공부하지 않는다.

그러나 우리의 가장 큰 결함은 머리를 준비하는 일이 아니라 마음을 준비하는 일이다. 지식의 부족이 아니라 거룩의 부족이 우리가 안타까워해야 할 결함이다. 너무 많이 아는 것이 문제라는 것이 아니다. 오히려 하나님과 그 말씀을 묵상하고 금식하며 기도하는 일을 충분히 하지 않는 것이 문제인 것이다. 우리 설교의 큰 문제는 마음이다.

하나님의 진리를 품은 말씀은 우리 마음에서 영적 부도체를 만난다. 그리하여 그 말씀은 옴짝달싹 못하고 힘없이 땅에 떨어지고 만다.

자리와 찬사에 눈이 어두운 야욕이, 몸소 자기를 낮추어 종의 형태를 취하시고 명성을 등지신 이의 복음을 전할 수 있을까? 교만하고 허영에 가득 찬 자기중심주의자가 온유하고 겸손하신 이의 복음을 전할 수 있을까?

성미가 좋지 못하고 감정적이며 이기적이고 모질고 세상적인 인간이, 오래 참음과 자기 부정과 온유함을 지님으로 세상 사랑을 버리고 세상에 대해 죽기를 요구하는 이의 삶의 원리를 전할 수 있을까? 사무적이며 마음이 결여된 고용인이 선한 목자로 양들을 위해서 자기 목숨을 바친 이의 복음을 전할 수 있을까?

사례와 돈을 탐하는 욕심쟁이가 그 마음을 버리고 그리스도와 바울의 정신으로 복음을 전하며, 웨슬리가 말한 것처럼 "나는 그것을 배설물과 찌꺼기로 여기노라. 나는 그것을 발 아래 짓밟아 버리노라. 나-내가 아니라 내 안에 있는 하나님의 은총-는 그것을 한갓 길가의 티끌로 여기노라. 나는 그것을 원하지 아니하노라. 나는 그것을 추구하지 아니하노라" 하고 말할 수 있을까?

우리에게 가장 필요한 것

하나님의 계시는 인간의 두뇌나 명철한 사상, 또는 뛰어난 교양을 필요로 하지 않는다. 오직 단순함과 유순함, 겸손, 그리고 어린아이의 믿음만이 요구될 뿐이다. 바울을 사도들 중에서 출중하게 한 것은 지식과 재능을 거룩하고 성스러운 능력에 굴복시키고 따르게 했기 때문이었다. 웨슬리 또한 그와 같이 하여 능력을 얻었다.

우리에게 가장 필요한 것은 마음의 준비다. 루터는 "기도를 잘한 자는 연구를 잘한 것이다."를 좌우명으로 삼았다. 물론 우리의 지력을 이용하거나 생각을 하지 말아야 된다는 말은 아니다. 다만 마음을 가장 잘 가꾸는 자가 자신의 머리를 가장 잘 사용한다는 말이다.

설교자가 연구자가 되어서는 안 된다는 것이 아니다. 오히려 제일 역점을 두어야 할 것은 성경이며, 마음을 부지런함으로 지키는 자가 성경을 가장 잘 연구한다.

설교자가 인간을 알아서는 안 된다는 것이 아니다. 오히려 자기 마음의 복잡 미묘함과 깊이를 살피는 자가 인간의 본성을 더 잘 안다.

설교의 통로는 머리이지만, 그 원천은 마음이라는 것을 말하는 것이다. 통로를 깊고 넓게 했을지라도 원천의 깊이와 청결함을 잘 살피지 않으면 메마르고 오염된 통로가 되어 버린다. 우리는, 보통 정도의 지능을 가진 사람이라면 거의 다 복음을 전파할 수 있다고 말한다. 그러나 그렇게 할 수 있는 은혜를 가진 사람은 별로 없다.

자기 마음과 씨름하여 그것을 정복한 사람, 그 마음에 겸손, 믿음, 사랑, 진리, 자비, 동정, 용기를 가르친 사람, 그렇게 훈련된 풍성한 보석 같은 마음을 복음의 능력과 함께 당당한 지성을 통하여 듣는 사람의 양심에 부어줄 수 있는 사람, 이런 사람이 주님 보시기에 가장 진실하고 성공적인 복음 전도자이다.

마음의 힘

마음은 이 세상의 구주이다. 머리는 구원하지 못한다. 천재성, 두뇌, 명철, 능력, 천부적인 재능 등은 결코 구원할 수 없다. 복음은 마음을 통해서 흐른다. 가장 강력한 힘은 모두 다 마음의 힘이다. 가장 향기롭고 달콤한 은총은 모두 다 마음의 은총이다. 위대한 마음이 위대한 인격이다. 위대한 마음이 거룩한 성품이다.

하나님은 사랑이시다. 사랑보다 위대한 것은 없고, 하나님보다 위대한 것은 없다. 마음이 천국을 만들고, 천국은 사랑이다. 천국보다 높고, 천국보다 달콤한 것은 없다. 하나님의 위대한 전도자는 두뇌가 아니라 마음이 만든다. 마음은 신앙 생활의 모든 면에서 중요하다.

마음이 강단에서 말해야 한다. 마음이 회중석에서 들어야 한다. 사실 우리는 마음으로 하나님을 섬긴다. 머리의 섬김은 천국에 상달되지 못한다.

오늘날 강단에서 가장 심각하고 가장 보편적인 과오는 설교에 기도보다는 사상을, 마음보다는 머리를 더 중요시하는 것이다. 큰 마음이 큰 설교자를 만든다. 좋은 마음이 좋은 설교자를 만든다. 마음을 갈고 가꾸는 신학교가 복음을 위해 가장 절실히 필요하다.

목사는 자신의 마음을 사용하여 교인들을 자기에게 묶고 다스린다. 교인들이 목사의 은사에 경탄하고, 목사의 능력을 자랑하고, 목사의 설교에 얼마 동안 감동할 수도 있다. 그러나 목사의 능력의 요새는 바로 그의 마음이다. 그의 권능은 사랑이요, 그의 능력의 왕좌는 그의 마음이다.

선한 목자께서는 양들을 위해 자기 목숨을 버리셨다. 머리는 결코 순교자가 될 수 없다. 사랑과 충성에 목숨을 버리는 것은 마음인 것이다. 충성된 목사가 되기 위해서는 큰 용기가 필요하다. 그러나 이런 용기를 주는 것은 오직 마음뿐이다. 용기를 은사와 재능으로 가질 수 있을지 모르지만 그것은 머리가 아니라 마음의 은사와 재능이다.

마음을 준비하기보다는 머리를 준비하기가 더 쉽다. 마음의 설교보다 두뇌의 설교가 더 쉽다. 그러나 하나님의 아들을 하늘에서 모셔 내리는 것은 마음이다. 사람을 천국으로 이끌어가는 것도 마음이다.

마음으로 씨를 뿌리라

세상이 필요로 하는 것은 우는 자와 함께 울고, 슬퍼하는 자에게 입 맞추며, 비참한 자를 불쌍히 여기며, 아픈 자를 쓰다듬어주는 마음을 가진 사람이다. 그리스도는 슬픔을 잘 아는 분이었다. 그는 탁월한 마음의 사람이었기 때문이다.

"네 마음을 내게 달라."는 하나님이 사람에게 요구하시는 것이요, "당신의 마음을 내게 주시오."는 사람이 사람에게 요구하는 것이다.

직업적인 목회는 마음이 없는 목회다. 목회에서 사례가 중요한 역할을 할 때, 마음은 별 역할을 하지 못한다. 우리는 설교를 일로 여기고 거기에 마음을 쏟아 붓지 않게 될 수 있다. 설교에서 자신을 앞에 내세우는 사람은 마음을 제일 뒤에 배치한다.

마음으로 씨를 뿌리지 않는 사람은 결코 하나님을 위한 추수를 할 수 없다. 골방은 마음의 공부방이다. 그곳에서 설교하는 법을 배우며 설교할 내용을 배운다. 그곳에서 배우는 것이 도서관에서 배우는 것보다 많다.

"예수께서 눈물을 흘리시더라." 이는 아주 짧으면서도 정말 위대한 성경 구절이다. 기쁨으로 풍성한 곡식단을 안고 돌아올 사람은 울며 고귀한 씨를 뿌리러 나간 사람(위대한 설교를 하러 나간 사람이 아니다)이다시 126:6.

기도는 분별력을 주며, 지혜를 주며, 지성을 넓혀 주며, 강하게 해 준다. 골방은 설교자에게 완벽한 교사요 교실이다. 생각은 기도를 통해서 밝아지며 명료해질 뿐 아니라, 참된 생각은 기도에서 비롯된다.

진실한 한 시간의 기도에서 배울 수 있는 것이 서재에서 몇 시간 배우는 것보다 많다. 다른 어느 곳에서도 찾을 수 없고 읽을 수 없는 책이 골방에 있다. 다른 어느 곳에서도 내리지 않는 계시가 골방에서 내린다.

10

거룩한 기름부으심을 받으라

개인 기도가 사역에 가져다 주는 빛나는 축복 하나는 말로 형언할 수 없고 글로 기록할 수도 없는 무엇—성령의 기름부으심이다. 만일 우리가 받은 그 기름부으심이 만군의 주로부터 오지 않는다면, 우리는 스스로를 속이는 것이다. 기름부으심은 오직 기도를 통해서만 얻을 수 있기 때문이다. 우리는 순간순간, 그리고 쉼임 없이 뜨거운 간구를 드려야 한다. 우리의 양털이 하늘의 이슬로 젖을 때까지 간구의 타작 마당에 깔아 두어야 한다. _찰스 스펄전

진리가 살아 있으려면

웨슬리 시대에 살았던 기독교 철학자요, 웨슬리의 개인적인 친구였던 알렉산더 녹스는 비록 그의 지지자는 아니었으나 웨슬리의 운동에 공감하였다.

"이상하고 안타까운 일이지만 영국에서는 감리교도들이나 감리교 목사들을 제외하고는 설교에 관심을 가진 사람들이 별로 없다. 거의 전반적으로 성직자들은 설교의 기술을 완전히 잃어버렸다.
내 생각에는, 도덕 세계의 큰 법칙에는 화학의 친화성같이 올바로 전파

된 종교 진리와 인간 지성의 깊은 감정 사이에 일종의 비밀스러운 이해가 있는 것 같다. 전자가 적절하게 제시되면 후자는 절로 반응을 보이기 마련이다. '우리 속에서 마음이 뜨겁지 아니하더냐?' ─그러나 이 경건한 감정은 설교자에게 없어서는 안 될 것이다.

이제 나는 나 자신이 직접 관찰한 것을 근거로 이 기름부으심은 어떤 것과도 비교할 수 없으며, 영국에서 교구 교회보다는 감리교 비밀 집회소에서 발견될 가능성이 높다고 말할 수밖에 없다. 이것은, 아니 오직 이것만이 감리교를 충만하게 하고 국교회를 빈약하게 하는 것이다.

나는 결코 열성파가 아니라고 생각한다. 나는 지극히 진지히고 성실한 국교도요, 헤일과 보일파, 버넷과 레이턴파를 겸허히 추종하는 사람이다. 그러나 내가 확언하건대 2년 전 내가 이 나라에 있을 때는 감리교파에 해당되는 사람만큼 나 자신을 꿰뚫어보고 가르치는 설교자를 한 사람도 보지 못했다. 지금 나는 다른 교파에서 마음을 꿰뚫어보는 교훈을 얻을 것을 전혀 기대하지 않는다. 감리교 설교자들(물론 내가 그들의 표현을 모두 다 찬성하는 것은 아니다)은 이 진실한 신앙을 가장 확신 있게 전하며, 오염되지 않았다.

나는 지난 주일 진정한 기쁨을 느꼈다. 나는 그 설교자가 진리의 말씀과 진지함을 동시에 전했다고 증거할 수 있다. 유창함은 없었다. 그 정직한 사람은 그런 것은 전혀 바라지도 않았다. 그러나 그것보다 훨씬 더 좋은 것이 있었다. 그것은 살아 있는 진리를 정중하게 전하는 것이었다. 살아 있다고 말하는 것은 그 설교자가 다른 사람들에게 선포한 대로 살아가고 있는 것이라고 느끼지 않을 수 없었기 때문이다."

이 기름부으심이 설교의 기술이다. 이런 기름부으심을 얻지 못한 설교자는 설교의 기술을 습득하지 못한 설교자이다. 이 기름부으심을 잃은 설교자는 설교의 기술을 잃어버린 사람이다. 그가 이 외에 어떤 기술 – 설교 작성법, 웅변술, 위대하고 명쾌한 사고법, 청중을 감동시키는 법 등 – 을 배우고 또 가지고 있다 할지라도, 그는 거룩한 설교 기술을 잃어버린 것이다. 이 기름부으심이 하나님의 진리를 능력 있게 하고 흥미있게 하고, 관심을 끌고, 마음을 얻고, 교육하고, 죄를 깨닫게 하고, 구원에 이르게 한다.

이 기름부으심은 계시된 하나님의 진리에 생명력을 주어 살아 있게 하고 생명을 주게 한다. 이런 기름부음 없이 선포된 하나님의 말씀도 빛이지만 죽은 빛이요 죽게 만드는 것이다. 진리가 많이 포함되어 있으며, 사상이 심오하고, 반짝이는 수사가 있으며, 논리 정연하고, 진지하여 힘이 있다 할지라도, 이 신성한 기름부으심이 없으면 생명을 낳지 못하고 죽음을 낳게 된다.

스펄전은 이렇게 말한다.

"우리가 얼마나 오랫동안 지혜를 짜내야 기름부음 받은 설교가 어떤 것이라고 말로 표현할 수 있는지 모르겠다. 그렇지만 설교하는 사람은 그런 것이 있음을 안다. 그리고 설교를 듣는 사람은 기름부음 받지 못한 설교를 알아낸다. 기근 상태에 있는 사마리아는 기름부음이 없는 설교를 잘 나타내준다. 기름진 것과 골수로 풍성한 예루살렘은 기름부음으로 풍성해진 설교를 나타낸다.

이른 아침, 영롱한 진주가 풀잎 끝에 있을 때의 그 신선함은 누구나 안다. 그러나 누가 그것을 묘사할 수 있겠으며, 더구나 그것을 만들어 낼 사람이 어디 있겠는가? 이것이 영적 기름부으심의 비밀이다. 우리는 알지만 다른 사람들에게는 그것이 어떤 것인지 말할 수가 없는 것이다. 그것을 거짓되이 꾸며 말하기는 쉽지만 어리석은 일이다. 기름부음은 결코 인간이 창조해 낼 수 없는 것이며 그것을 거짓되이 꾸며내는 것은 쓸모없는 정도가 아니라 지극히 나쁜 것이다. 그렇지만 그것은 극히 귀중하며, 신자들을 가르칠 때나 죄인을 그리스도께 인도하기 위해서는 한없이 필요한 것이다."

기름부으심이 맺는 열매

기름부으심은 정의할 수 없고 설명할 수 없는 것이기에 한 유명한 스코틀랜드의 노 설교자는 이렇게 말했다.

"설교에는 때로 말하거나 표현할 수도 없고 또 무엇이라고 설명할 수 없는 무엇이 있다. 그것이 어디서 오는 것인지는 모르나 달콤한 힘으로 마음과 느낌을 뚫고 들어오며, 하나님으로부터 직접적으로 온다. 만일 그런 것을 얻을 수 있는 방법이 있다면 그것은 설교자의 하늘에 속한 속성을 통하는 것뿐이다."

우리는 이것을 기름부음이라 한다. 하나님의 말씀으로 하여금 "살았고 운동력이 있어 좌우에 날선 어떤 검보다도 예리하여 혼과 영과 및 관절과 골수를 찔러 쪼개기까지 하며 또 마음의 생각과 뜻을 감찰" 히 4:12하게 하는 것이 바로 기름부음이다.

설교자의 말이 급소를 찌르고 예리하며 능력이 있게 하는 것이 이 기름부음이다. 또 수많은 죽은 회중들에게 갈등과 자극을 주는 것도 이 기름부음이다. 의문의 엄격함으로 이와 같은 진리를 말할 수 있고, 인간의 기름으로 매끄럽게 할 수 있다. 그러나 생명의 표시나 심장의 고동소리는 없다. 모두 다 무덤처럼 주검처럼 고요할 뿐이다.

그러나 같은 설교자가 기름부으심의 세례를 받아 거룩한 영감이 그에게 임하면, 말씀이 이 신비한 능력에 의해 빛이 나고 불이 붙고, 생명의-영접하는 생명 아니면 거역하는 생명의-고동침이 시작된다. 기름부으심이 양심에 찔림을 주고 가슴을 찢어놓는 것이다.

이 거룩한 기름부으심은 참된 복음 설교와 그 외의 많은 진리 제시 방법을 구별하게 하며, 또 기름부으심이 있는 설교자와 없는 설교자 사이에 커다란 영적 간격을 만들어낸다. 그것은 계시된 진리를 하나님의 모든 능력으로 지지하고 유지해 준다. 기름부으심은 바로 하나님을 그분의 말씀과 설교자에게 임하게 하는 것이다.

강하고 위대한 기도와 지속적인 기도를 통하여 기름부음은 설교자에게 모든 능력으로 임한다. 기름부음은 설교자의 지성에 영감과 명석함을 주고 통찰력과 이해력, 투사력을 준다. 그것은 설교자에게 머리의 능력보다 위대한 마음의 능력을 준다. 이 기름부음을 통해 섬세함과 정결함과 능력이 마음으로부터 흘러나오게 된다. 생각의 넓음과 자유, 풍성함, 말의 직설성과 단순성이 이 기름부음의 열매이다.

진지함과의 차이

흔히 진지함을 기름부으심으로 잘못 보는 경향이 있다. 거룩한 기름부으심이 있는 사람은 모든 일의 영적인 면에 진지하지만, 기름부으심이 전혀 없는 사람도 매우 진지할 수는 있다.

어떤 면에서는 진지함과 기름부으심이 유사하게 보일 수 있다. 진지함이 쉽게, 분별없이 또는 실수로 기름부으심을 대신할 수 있다. 이를 분별하기 위해서는 영적인 눈과 식별력이 필요하다.

진지함은 물론 성실하고, 신중하며, 열렬하고, 끈기 있을 수 있다. 그것은 선한 뜻으로 어떤 일을 대하며, 끈기 있게 그것을 추구하고, 열심을 가지며, 힘을 들인다. 그러나 이 모든 것들은 전혀 인간의 한계를 벗어나지 못한다. 그 안에는 인간이 도사리고 앉아 있다. 즉, 인간이 가질 수 있는 모든 것, 곧 의지와 마음, 두뇌와 지혜, 계획과 노력, 그리고 언어 등 갖가지 인간적인 것이 포함된다.

그는 그를 주관해 온 어떤 목적에 자기 자신을 바치고, 그 목적을 위해 계속 정진한다. 그 안에는 하나님이 전혀 없을 수도 있고, 조금 있을 수도 있다. 그 안에는 인간이 많이 차지하고 있기 때문이다. 그의 진지한 목적을 옹호하는 간청을 할 수도 있다. 그 간청은 즐거움을 주거나 감동을 주거나 압도할 수도 있다. 그러나 이 모든 진지함에는 세상적인 방법이 병행되어, 인간의 힘으로만 추진되고, 그 제단은 세상의 손으로 만들어지며, 그 불도 세상의 불씨로 지펴진다.

자신이 추구하는 목적이나 이상에 적합하게 성경을 인용하는 한 재능이 많은 유명한 설교자를 놓고 "그는 자신의 주해에 유창한 사람으로 성장하고 있다."고 평하는 말을 들었다. 이처럼 인간은 자신의 계획이나 활동에 대해 아주 진지할 수 있다. 진지함은 위장된 이기심일 수 있는 것이다.

골방을 통해 주어지는 선물

기름부으심은 어떤가? 그것은 설교 중에 있는 설명할 수 없는 그 무엇으로 설교를 설교되게 하는 것이다. 그것은 단순한 인간의 연설과 설교를 구별하고 차별되게 하는 것이다. 그것은 설교에 있는 신적인 것이다. 그것은 날카로움이 필요한 자에게는 설교를 날카롭게 해주는 것이다. 그것은 새롭게 될 필요가 있는 사람에게는 이슬처럼 맺히는 것이다. 그래서 이렇게 설명할 수 있다.

"……하늘에서 담금질한
좌우에 날선 예리한 검이다.
그래서 그 칼이 스치고 지나가면
그 상처가 갑절이 된다.
그 스침은 죄에게는 죽음이요,
죄로 탄식하는 모든 자에게는 생명이다.
그것은 싸움을 붙이고 잠잠하게 하며,
마음에 전쟁을 일으키고 평화를 이루어 준다."

이 기름부으심은 서재가 아니라 골방에서 온다. 그것은 기도 응답으로 주어지는 하늘의 이슬이다. 그것은 성령의 가장 감미로운 호흡이다. 그것은 주입시키고, 충만하게 하며, 부드럽게 하며, 스며들게 하며, 잘라내고, 위로한다. 그것은 말씀을 다이너마이트처럼, 소금처럼, 설탕처럼 전해 준다. 또 그것은 말씀을 달래는 자가 되게 하고, 책망하는 자가 되게 하고, 드러내는 자가 되게 하고, 조사하는 자가 되게 하여 듣는 자로 하여금 범죄자 또는 성도가 되게 하며, 어린아이처럼 울게 만들고 거인처럼 살게 만들고, 마음과 지갑을 열기를 마치 봄이 새싹의 길을 열어주듯 한다.

이 기름부으심은 천재에게 주어진 은사가 아니다. 또 학문의 전당에서 나오는 것도 아니다. 어떤 웅변도 그것을 불러낼 수 없다. 아무리 근면해도 그것을 벌 수 없다. 어떤 고위 성직자도 그것을 수여할 수 없다. 그것은 하나님의 선물이다. 하나님이 자기의 사자에게 주시는 인장인 것이다. 그것은 수많은 시간 동안 눈물을 흘리며 씨름하는 기도를 통해서 부음받은 것으로, 택함받은 용감하고 참된 자에게 주시는 천국의 기사 작위인 것이다.

진지함은 선하고 인상적이다. 천재는 재능이 뛰어나고 훌륭하다. 사상은 진리를 밝혀주고 마음을 감화시킨다. 그러나 죄의 사슬을 끊고, 하나님과 원수된 자, 마음이 부패한 자를 하나님께로 이끌고, 불화를 치유하고 교회를 본래의 정결하고 능력 있는 상태로 회복하기 위해서는 진지함이나 천재나 사상보다 더 강한 능력이 필요하다. 거룩한 기름부으심이 필요한 것이다. 다른 어느 것도 안 된다. 이 거룩한 기름부으심만 가능하다.

거룩한 기름부으심의 독특성

기독교에서 기름부으심이란 성령의 기름부으심을 뜻하는 것으로, 이는 하나님의 일을 위해 따로 떼어놓는 것이며 이를 위해 자격을 갖추게 하는 것이다. 이 기름부으심은 유일한 신적 능력 부여로 이것으로 인하여 설교자가 설교의 독특한 목적을 달성하게 된다. 이 기름부으심이 없이는 진정한 영적 결과를 얻을 수 없고, 그러한 설교의 결과와 능력은 성결되지 않은 연설보다 나을 게 없다. 기름부으심 없이도 설교는 강단만큼은 유능할 수 있기 때문이다.

설교자에게 이루어진 이 거룩한 기름부으심은 하나님의 말씀을 통하여 복음으로부터 흘러나오는 영적 결과를 낳게 한다. 그러나 이 기름부으심이 없이는 이러한 결과가 없다. 인상적인 설교는 많이 이루어질수 있으나 이런 것들은 모두 복음 설교의 목적과는 거리가 멀다.

이 기름부으심을 그럴듯하게 흉내낼 수도 있다. 기름부으심처럼 보이는 것들도 많다. 비슷한 결과들도 많다. 그러나 그것들은 결과와 본질 면에서 기름부으심과는 전혀 다르다. 열정이나 감정에 호소하는 설교에 의한 열기나 상쾌함이 거룩한 기름부으심의 역사처럼 보일 수도 있다. 그러나 그것들은 찌르고 꿰뚫으며, 가슴을 찢게 하는 힘이 없다. 이 표면적이며 감상적이고 감정적인 행위에는 결코 마음을 고치는 기름이 없는 것이다. 근본적인 힘도 없고, 죄를 찾아낼 수도, 죄를 치료할 수도 없는 것이다.

이 거룩한 기름부으심은 참된 복음 설교를 다른 모든 진리 제시 방법들과 구별되게 하는 특징이다. 이것은 계시된 진리를 하나님의 모든 능력으로 뒷받침하고 관통한다. 그것은 말씀을 조명하고 지력을 넓히고 풍부하게 하여 말씀을 파악하고 이해하게 한다. 그것은 설교자의 마음을 준비시켜서, 최고의 결과를 얻는 데 필요한 부드럽고 성결하며 힘차고 밝은 상태를 가지게 한다. 이 기름부으심은 설교자의 영혼과 생각을 자유하게 하고 넓어지게 하여서, 다른 수단으로는 얻을 수 없는 자유와 충만함과 언어의 직설성을 갖게 한다.

설교자에게 이 기름부음이 없으면 복음의 전파 능력이 다른 진리들보다 뛰어날 수가 없다. 이 기름부음이 설교가 신적인 것임을 증명하는 것이다. 기름부음은 복음 안에 하나님이 계시게 한다. 기름부음이 없으면 하나님이 그 안에 계시지 않으며, 복음은 인간의 두뇌와 흥미 또는 재능이 그 주장을 강요하고 가르치기 위하여 고안해 낸 저급하고 불만족스러운 것으로 전락한다.

강단에서 가장 흔히 실패하는 것이 바로 이 점이다. 가장 중요한 이 점에서 잘못하는 것이다. 학식이 있을 수도 있고, 명석함과 웅변이 매력과 즐거움을 줄 수도 있고, 획기적인 일이나 조금 덜 거슬리는 달콤한 방법이 청중의 인기를 모을 수도 있고, 정신력이 진리에 대한 강한 인상과 기억을 심어 줄 수도 있다. 그러나 이 기름부음이 없으면 이 모든 것은 한낱 지브롤터 해협에 일어나는 파문의 하나일 뿐이다. 물거품과 파문은 생겼다가 스러진다. 그러나 바위는 미동도 없이 그대로 있다. 마찬가지로 이런 인간적인 노력으로는 결코 인간의 마음에서 죄와 강퍅함을 제거할 수 없다.

이 기름부음은 성별케 하는 능력이다. 기름부음이 있다는 것은 성별이 지속된다는 표시이다. 그가 하나님과 자기 사역을 위해 성별되기 위해서는 이 거룩한 기름부음이 있어야 한다. 다른 영향력과 동기들이 그를 사역으로 부르겠지만 오직 이것만이 성별을 제공한다. 성령의 능력으로 하나님의 일을 위해 구별되는 것이 하나님께서 합당한 것으로 인정하시는 유일한 성별이다.

끊임없는 기도로 기름부음을 받으라

기름부음, 거룩한 기름부음, 이 하늘의 기름부음은 강단이 필요로 하는 것이며, 반드시 가져야 하는 것이다. 하나님의 손에 의해 주어진 이 거룩한 하늘의 기름부음은 인간 전체—마음과 머리와 영—를 부드럽게 하고 매끄럽게 하여 마침내 그를 세상적, 세속적, 이기적 동기와 목표들로부터 철저하게 분리시키고, 순결하고 하나님 닮은 모든 것에 합당하게 만든다.

설교자에게 이 기름부음이 있으면 수많은 회중을 움직이고 갈등하게 할 수 있다. 동일한 진리를 의문의 엄격함으로 전할 수도 있지만 아무 감동도 고통도 격동도 일어나지 않는다. 모든 것이 공동 묘지처럼 고요할 뿐이다.

기름부음 받은 설교자에게는 신비한 힘이 있다. 말씀의 문자 하나 하나가 성령의 검증을 받았기 때문에 강력한 움직임이 느껴진다. 양심을 억누르고 휘저으며 가슴을 찢어놓는다. 반대로 기름부음이 없는 설교는 모든 것을 딱딱하고 건조하고 죽게 만든다.

이 기름부음은 한낱 추억거리나 지나간 옛 시대의 것이 아니요, 현재적이며 현실적이고 의식할 수 있는 사실이다. 그것은 설교자의 설교뿐 아니라 그 자신의 경험에 속하는 것이다. 그것은 설교자를 그의 거룩한 주인의 형상으로 변화시키며, 또한 그 능력을 힘입어 그리스도의 진리를 능력 있게 선포할 수 있게 한다.

기름부음은 목회에 심히 큰 능력이 되기 때문에, 그것이 없으면 그 외의 모든 것은 약하고 헛된 것으로 보인다. 그리고 그것이 있으면 다른 모든 것이 없거나 약하더라도 그것을 상쇄하고도 남는다.

이 기름부음은 한 번 받으면 영원히 있는 선물이 아니다. 그것은 조건부 선물이다. 그것은 처음에 받을 때와 같은 과정에 의하여 계속되고 증가된다. 끊임없는 기도와 하나님을 향한 간절한 소망, 그리고 그것을 귀하게 여겨서 지칠 줄 모르는 열심으로 추구하고, 그것이 없는 다른 모든 것은 실패와 배설물로 여기는 자세가 이 기름부음을 계속 유지하는 길이다.

그러면 이 기름부음은 어디서부터 어떻게 주어지는가? 이것은 기도 응답으로, 하나님께로부터 직접 온다. 기도하는 마음만이 이 거룩한 기름으로 채워진다. 기도하는 입술만이 이 거룩한 기름부음으로 기름부음을 입는다.

   기도, 많은 기도의 대가는 기름부음이 있는 설교이다.

   기도, 많은 기도가 기름부음을 유지하는 유일무이한 조건이다.

   끊임없는 기도 없이는 기름부음이 결코 임하지 않는다.

   인내하는 기도가 없으면, 기름부음은 때 지난 만나처럼 벌레가 생긴다.

11

골방의 불꽃에 담금질하라

> 오직 죄 외에는 아무것도 두려워하지 않고, 오직 하나님 외에는 아무것도 갈망하지 않는 설교자 백 명을 나에게 달라. 그들이 성직자이든 평신도이든 전혀 관계 없다. 그런 사람만이 지옥의 문을 뒤흔들고 천국을 지상에 건설한다. 하나님께서는 오직 기도 응답을 통해서 일하신다. _존 웨슬리

사도들의 본보기

사도들은 자기들의 사역에서 기도의 필요성과 가치를 알았다. 그들은 사도로서 그들의 중대한 사명을 알고, 기도의 필요성을 소홀히 하는 대신 오히려 그것을 더 긴급한 필요로 알고 기도에 매달렸다. 그들은 다른 중요한 일들이 그들의 시간을 빼앗아 마땅히 기도할 만큼 기도하지 못하게 할까 봐 깊은 관심을 기울였다. 그래서 사도들은 평신도를 지명하여 가난한 사람들을 돌보는 미묘하고 신경 쓰이게 하는 일들을 담당하게 하고, 자신들은 방해받지 않고 기도와 말씀 전하는 일에 전무할 수 있도록 했다 행 6:4.

그들은 기도를 첫 자리에 두었다. 그리고 기도와 그들과의 관계를 가장 중시하였다. 기도에 자신을 드려 기도를 일로 삼았으며 기도에 열정과 긴급성과 인내와 시간을 부여했다.

믿음이 깊고 사도적인 인물들은 얼마나 기도에 전념했던가! 바울은 밤낮을 가리지 않고 기도했다고 하였다. "우리는 계속해서 기도에 전념하겠다."는 것은 사도로 헌신한 사람들의 공통된 생각이었다.

신약성경의 설교자들은 하나님의 백성을 위한 기도에 얼마나 자신을 드렸던가! 그들은 기도를 통해 하나님께서 그들의 교회에 전적으로 역사하시도록 하였다. 이들 사도들은 자신들이 하나님의 말씀을 성실하게 전달함으로써 그 고귀한 사명을 감당할 수 있으리라는 헛된 생각을 하지 않았다. 오히려 그들의 설교가 끈질긴 기도의 향기로 뒷받침되도록 했다.

사도의 기도는 사도의 설교에 있어서 절대적인 것으로 의무요 애써야 할 일이었던 것이다. 그들은 밤낮을 가리지 않고 힘써 기도하여 사람들이 믿음과 성결에 있어서 최고의 위치에 도달하도록 하였다. 그리고 더욱더 힘써 기도하여 그들의 영적 수준을 높이 유지하도록 하였다.

그리스도의 학교에서 자기 교인들을 위해 중보하는 그 귀하고 성스러운 기술을 배우지 못한 설교자는 설교의 기술을 결코 배울 수가 없다. 설교자에게 설교의 기술을 무더기로 부어준다 해도, 설교 작성과 설교 전달에 가장 뛰어난 은사가 주어진다 해도 소용없다.

사도 같고 성자 같은 지도자들의 기도는 사도가 아닌 사람들을 성도로 만드는 데 지대한 역할을 한다. 만일 교회의 지도자들이, 사도들이 그랬던 것처럼 오랫동안 자기 교인들을 위하여 기도하는 일에 특별히 관심을 기울여 열심히 기도했다면, 세상적이고 배도적인 흑암의 시기가 역사를 얼룩지게 하지 않았을 것이고 교회의 영광을 가리고 교회의 발전을 가로막는 일이 일어나지 않았을 것이다. 사도적 기도는 사도적 성도를 만들고, 교회의 순결성과 능력이 사도 시대와 같게 만든다.

중보기도의 목적

다른 사람을 위해서 중보기도 하는 사람이 된다는 것, 이것은 얼마나 고귀한 영혼이 필요하며, 얼마나 순결하고 고상한 동기가 필요하며, 얼마나 비이기적이며 자기 희생적이어야 하며, 얼마나 철저히 수고해야 하며, 얼마나 아름다운 영혼과 거룩한 지혜를 필요로 하는 일인가!

설교자는 사람들을 위해 기도하는 일에 자신을 내어놓아야 한다. 그들이 단순히 구원받을 수도 있게 하기 위해서가 아니라 그들이 강력하게 구원받기 위해서이다. 사도들은 자신들의 시야가 완전해지기 위해서 기도에 자신을 드렸다. 그것은 그들이 하나님의 것을 약간 맛보기 위한 것이 아니라 "하나님의 모든 충만하심으로 채워지기 위해서"였다.

바울은 이 목적을 위해서 그의 사도적 설교에만 의지하지 않고 우리 주 예수 그리스도의 아버지께 무릎을 꿇고 빌었다 엡 3:14. 바울이 전도하여 얻은 회심자들을 고귀한 성도의 길에 들어서게 한 것은 바울의 설교라기보다는 그의 기도였다.

에바브라도 그의 설교보다는 기도로 골로새 성도들을 위해 더 많은 일을 했다. 그는 항상 간절한 기도로 골로새인들이 "하나님의 모든 뜻 가운데서 완전하고 확신 있게 서기를" 골 4:12 구했다.

강건한 지도자의 특징

설교자들은 무엇보다도 하나님의 지도자들이다. 그들은 교회의 상태에 대해 일차적인 책임이 있다. 그들은 교회의 분위기와 성격을 만들고 교회 생활의 방향을 제시한다.

거의 모든 것들이 이들 설교자들에 의하여 좌우된다. 그들은 시대와 제도를 만든다. 교회는 신적인 것으로 그 안에 들어 있는 보화는 천국의 것이다. 그러나 그것은 인간의 흔적을 가지고 있다. 그 보화는 흙으로 만든 그릇에 담겨 있다. 하나님의 교회는 그 지도자들을 만들거나 그 지도자들에 의해 만들어진다. 교회가 그 지도자들을 만들든 교회의 지도자들이 교회를 만들든, 교회는 지도자들이 어떤가에 달려 있다. 지도자들이 영적이면 교회가 영적일 것이요, 지도자들이 세속적이면 교회가 세속적일 것이요, 지도자들이 뭉치면 교회도 뭉칠 것이다.

이스라엘의 왕들은 이스라엘의 경건성을 결정했다. 교회는 그 지도자들의 신앙을 좀처럼 넘어설 수 없다. 영적으로 강한 교회 지도자들, 거룩한 힘이 있는 사람이 지도자로 있는 것은 하나님의 은총이 있다는 증거다. 재앙과 연약함은 연약하고 세상적인 지도자들이 있을 때 따라오는 것이다.

하나님이 아이들로 왕이 되게 하시고 아이들로 다스리게 하셨을 때 이스라엘은 낮아지게 되었다. 아이들이 하나님의 이스라엘을 억압하고 원수들이 이스라엘을 다스릴 때 선지자들은 행복한 상태를 예언하지 않았다. 영적인 지도자가 있는 시대가 곧 교회의 영적인 번영이 있는 시대인 것이다.

기도는 영적으로 강건한 지도자의 뚜렷한 특징이다. 능력 있는 기도의 사람은 능력 있는 사람들이며 일을 이루어내는 사람이다. 그들이 하나님께로부터 받는 능력이 승리의 동력이다.

골방에서 최고의 제물을 바치라

골방에서 하나님께로부터 신선한 메시지를 받지 못하는 사람이 어떻게 설교할 수 있을까? 자신의 믿음이 생기를 얻지 않고, 그의 비전이 밝아지지 않고, 그의 마음이 은밀한 하나님과의 교제를 통하여 뜨거워지지 않고 어떻게 설교할 수 있을까?

오, 이 골방의 불꽃에 담금질도 하지 않는 강단의 입술들이여! 그 입술은 항상 메마르고 기름부으심이 없구나. 그런 입술에서는 하나님의 진리가 능력 있게 나오지 못한다. 진정한 신앙에 관한 한, 골방 기도가 없는 강단은 언제나 메마르고 열매가 없다.

기도가 없이도 설교자는 때로는 공식적으로, 즐겁게 또는 박식하게 설교할 수 있다. 그러나 이런 종류의 설교와, 기도하며 우는 마음과 거룩한 손으로 하나님의 귀한 씨를 뿌리는 것과는 측량도 할 수 없는 거리가 있다.

기도하지 않는 사역자는 하나님의 모든 진리와 하나님의 교회를 장사지내는 사람이다. 그는 매우 비싼 관과 매우 아름다운 꽃을 들고 있을 수 있으나 그 화려한 모습에도 불구하고 그것은 장례 행렬일 뿐이다. 기도하지 않는 사역자는 하나님의 진리를 가르칠 수 없다. 천년왕국 시대의 영광은 기도하지 않는 교회에 의해 상실되었다. 우리 주님의 재림은 기도하지 않는 교회에 의해 기약 없이 연기되었다. 기도 없는 교회의 죽은 예배 앞에서 지옥은 그 지경을 넓히고 음산한 동굴을 채웠다.

가장 최고의, 최상의 제물은 기도의 제물이다. 이 시대의 설교자가 기도의 교훈을 잘 배운다면 그리고 기도의 능력을 온전히 사용한다면 천년왕국은 이 시대가 끝나기 전에 임할 것이다.

"쉬지 말고 기도하라."는 말은 이 시대의 설교자들을 향한 나팔 소리이다. 이 시대의 설교자들이 그들의 본문과 생각과 말과 설교를 그들의 골방에서 얻는다면, 다음 세기의 사람들은 새 하늘과 새 땅을 발견하게 될 것이다. 죄로 물들고 어두워진 옛 하늘과 옛 땅은 기도하는 사역자의 능력 아래서 사라지게 될 것이다.

12

기도하고 기도하게 하라

만일 자기 목회자들에 대해 불평하던 그리스도인들이 사람들 앞에서 말과 행동을 삼가고 자신들의 모든 힘을 쏟아서 목회자들을 위해 하나님께 부르짖었다면, 다시 말해서 일어나서 하늘을 향해 그들을 위한 겸손하고 열정적이며 끈질긴 기도를 퍼부었다면, 그들은 훨씬 더 성공하였을 것이다. _조나단 에드워즈

절대적으로 필요한 것

웬일인지 특별히 설교자를 위하여 기도하는 일은 없어지거나 아니면 소홀히 여겨지고 있다. 종종 그렇게 하는 것은 사역의 권위를 떨어뜨리는 것이며 목회의 무능력을 공적으로 시인하는 것이라는 말을 듣는다. 그것은 자신의 능력이나 학식에 대한 자부심에 손상을 입히는 것이며, 따라서 사역에서 그런 일을 허용할 정도로 태만한 것은 비난과 책망을 받아야 마땅하다는 것이다.

기도란 설교자에게 그의 직무상 요구되는 의무 이상의 것으로서 그의 특권이며 필수적인 것이다. 공기가 폐에 꼭 필요한 것처럼 설교

자가 기도하는 것은 절대적으로 필요하다. 또한 설교자가 다른 사람의 기도 지원을 받는 것은 절대적으로 필요하다.

설교자는 기도해야 한다.

설교자는 기도 지원을 받아야 한다.

이 두 명제는 하나로 연합된 것으로 결코 분리되어서는 안 된다. 그가 자신의 두려운 책임을 완수하고 그 중대한 일을 진정으로, 그리고 최상으로 이루어 내기 위해서는 자신이 할 수 있는 최대의 기도를 해야 하고 다른 사람의 기도 지원을 최대한 받아야 한다. 참 설교자는 스스로 진지하게 기도의 영을 가꾸며 기도한다. 그리고 하나님의 백성들의 기도를 간절하게 갈망한다.

거룩한 사람일수록 기도를 더 중요하게 여긴다. 그리고 하나님은 기도하는 사람에게 그분을 나타내 주신다는 것, 하나님의 계시의 정도는 간절하고 끈질긴 기도의 정도에 비례한다는 것을 더 분명하게 안다.

기도하지 않는 마음에는 구원이 찾아오지 않는다. 기도하지 않는 영혼에게는 성령이 거하시지 않는다. 기도하지 않는 영혼에게는 설교가 덕이 되지 않는다. 기도하지 않는 그리스도인을 그리스도는 알아주시지 않는다. 기도하지 않는 설교자가 복음을 전파할 수 없다.

은사나 재능, 교육, 유창함, 하나님의 부르심이 기도에 대한 요구를 줄이지 못한다. 오히려 설교자가 기도할 필요성과 기도 지원을 받아야 할 필요성을 더 절실하게 한다.

설교자가 자신의 일의 본질과 책임 그리고 어려움에 대해 눈이 뜨일수록, 기도의 필요성을 더욱더 알게 된다. 그가 참 설교자일수록 기도의 필요성을 더욱더 느끼게 된다. 자기 스스로 기도해야 할 필요성을 갈수록 더 느낄 뿐 아니라 다른 사람들에게 기도로 도와달라고 부탁해야 할 필요성을 더 절실하게 느낀다.

바울의 본보기

바울은 이런 일에 좋은 본보기이다. 만일 자신의 능력으로, 자신의 지력으로, 자신의 교양으로, 자신의 인격으로, 하나님께 부름받은 사도의 권위로, 하나님의 특별한 부르심으로 복음을 전파할 수 있는 사람이 있다면, 그 사람은 바로 바울일 것이다. 그런 설교자가 기도에 자신을 드려야 했다면 바울이 그에 해당되는 좋은 예이다. 또 그런 사도요 전도자가 사역의 온전한 성공을 위하여 다른 사람들의 기도 지원을 받아야 했다면, 바울이 가장 좋은 예이다.

바울은 성도들의 도움을 간절히 원하고, 바라고, 간청했다. 그는 다른 곳에서와 마찬가지로 영적인 영역에서도 연합할 때에 힘이 있다는 것을 알았다. 믿음과 소망과 기도가 모이고 집중될 때에 영적인 힘이 커져서 아무도 저항할 수 없는 무적의 능력을 갖추게 된다는 것을 알

왔던 것이다. 한 사람 한 사람의 기도가 모이면 마치 물방울이 모이는 것처럼 대양을 이루어 모든 저항을 격파할 수 있는 것이다.

영적인 힘을 분명하게 잘 알고 있는 바울은 흩어져 있는 각 개인의 기도를 모두 모아 그의 사역에 쏟게 함으로써 그의 사역이 대양처럼 강하고 영원하며 무적이 되도록 만들기로 결심하였다.

바울의 눈부신 수고와 업적, 그리고 교회와 세상에 대한 영향은 다른 사람들의 기도가 바울과 바울의 사역에 집중되게 할 수 있었다는 데 있지 않을까?

그는 로마에 있는 성도들에게 "형제들아 내가 우리 주 예수 그리스도로 말미암고 성령의 사랑으로 말미암아 너희를 권하노니 너희 기도에 나와 힘을 같이하여 나를 위하여 하나님께 빌라"롬 15:30고 했다.

에베소인들에게는 "모든 기도와 간구로 하되 무시로 성령 안에서 기도하고 이를 위하여 깨어 구하기를 항상 힘쓰며 여러 성도를 위하여 구하고 또 나를 위하여 구할 것은 내게 말씀을 주사 나로 입을 벌려 복음의 비밀을 담대히 알리게 하옵소서 할 것이니"엡 6:18-19라고 했다.

골로새인들에게는 "또한 우리를 위하여 기도하되 하나님이 전도할 문을 우리에게 열어 주사 그리스도의 비밀을 말하게 하시기를 구하라 내가 이것을 인하여 매임을 당하였노라 그리하면 내가 마땅히 할 말로써 이 비밀을 나타내리라"골 4:3-4고 강조했다.

데살로니가인들에게는 "형제들아 우리를 위하여 기도하라"살전 5:25 고 강력히 그리고 간곡히 부탁했다.

또 고린도 교회에는 "너희도 우리를 위하여 간구함으로 도우라"고후 1:11고 청했다.

이 기도는 그들의 일의 일부였다. 그들은 기도의 손길을 펴서 도움을 주어야 했던 것이다.

바울은 기도의 필요성과 중요성에 대해 데살로니가 교회에 추가적으로 그리고 마지막으로 권면하는 말에서 "종말로 형제들아 너희는 우리를 위하여 기도하기를 주의 말씀이 너희 가운데서와 같이 달음질하여 영광스럽게 되고 또한 우리를 무리하고 악한 사람들에게서 건지옵소서 하라"살후 3:1-2고 하였다.

그는 또 빌립보인을 향하여 그가 당하는 모든 시련과 고통은 자기를 위한 그들의 기도의 능력을 힘입어 복음 전파에 도움이 된다고 강조했다.

빌레몬은 바울을 위해서 처소를 준비할 수 있었는데 이는 빌레몬의 기도를 통해서 바울이 그의 손님이 될 수 있었기 때문이었다.

이 문제에 관한 바울의 태도는 그의 겸손함과 복음을 전파하는 영적 힘에 대한 깊은 통찰력을 잘 보여주고 있다. 더 나아가 이러한 바울의 태도는, 만일 바울이 자신의 사역의 성공을 위해서 성도들의 기도를 그처럼 의지해야 했다면 오늘날 하나님의 성도들은 사역을 위해서 더 더욱 기도해야 한다는 것을 시대를 초월한 교훈으로 가르쳐 준다.

바울은 이러한 긴박한 기도 요청이 자기의 권위를 격하시킨다거나 그의 영향력을 축소시킨다거나 그의 경건성을 격하시킨다고 생각하지 않았다. 또 혹시 그렇다 할지라도 그것이 무슨 문제가 되겠는가! 설사 권위가 없어지고 영향력이 감소되고 그의 명성이 떨어진다고 하자. 그래도 그들의 기도가 필요하다.

그는 사도 중의 사도로 부름받고 위임받았다. 그럼에도 성도들의 기도가 없으면 그의 모든 준비는 완전하지 못하다. 그는 곳곳에서 편지를 써서 자신을 위해 기도해 달라고 부탁하였다.

당신은 설교자를 위해서 기도하고 있는가? 당신은 그를 위해 은밀히 기도하고 있는가? 개인 기도가 바탕이 되지 않거나 뒤따르지 않는다면 공적 기도는 별 가치가 없다. 기도하는 사람과 설교자와의 관계는 아론이나 훌과 모세와의 관계와 같다. 그들은 그의 손을 치켜들어 그들 주위에 심각하게 제기되고 있는 문제를 해결하는 것이다.

사도들이 간청하고 목적한 바는 교회가 기도하게 하는 것이었다. 그들은 즐겨 헌금하는 은혜를 소홀히 하지 않았다. 그들은 영적 생활에서 종교 활동이나 일이 차지하는 위치를 모르지 않았다. 그러나 사도들의 평가나 긴급성 면에서는 이들 중 어느 하나나 모든 것을 합쳐도 그 필요성과 중요성이 기도와 견줄 수가 없었다. 그래서 기도가 무엇보다도 중요한 의무요 필요한 것이라는 것을 강조하기 위해서 가장 엄숙하고 긴급한 간청을 사용하였고, 가장 열렬한 부탁과 가장 포괄적이고 자극적인 말을 하였다.

"성도들이 모든 곳에서 기도하게 하라."

이것은 사도들이 노력했던 핵심이요 성공의 표시였다. 예수 그리스도께서도 세상에서 사역하실 때 이것을 위해 애쓰셨다. 주께서는 일꾼이 없어서 시들어가고 있는 세상의 익은 곡식들을 보시고서 민망이 여기셨다. 그래서 자신의 기도를 잠시 멈추시고 둔감한 제자들에게 기도의 의무를 일깨워 주는 말씀을 하셨다.

"추수하는 주인에게 청하여 추수할 일군들을 보내어 주소서 하라" 마 9:37. "항상 기도하고 낙망치 말아야 될 것을 저희에게 비유로 하여 가라사대……" 눅 18:1.

헌신의 핵심

우리의 헌신은 시계에 의해 측정되는 것은 아니지만 시간은 그 핵심이다. 기다리고 참으며 집중하는 능력은 근본적으로 우리와 하나님과의 대화에 필수적인 것이다. 서두르는 것은 하나님과 교제하는 위대한 일에 경종이 되는 것으로 모든 면에서 좋지 못하고 해로운 결과를 낳는다.

간단히 조금하고 마는 기도는 깊은 경건에 해독이 된다. 고요하고 철저하고 힘있는 영력은 결코 서둘러서 이루어지는 것이 아니다.

간단히 마치는 기도는 영적 원기를 고갈시키고 영적 발전을 저해하고 영적 기초를 갉아 먹으며 영적인 생활의 뿌리를 마르게 한다. 그것은 타락의 시작이며 피상적 경건의 표시요, 자기를 속이는 일이요 믿음을 고갈시키고 씨를 썩게 할 뿐더러 토양마저 메마르게 하는 것이다.

물론 성경에 기록된 기도는 짧은 것이 사실이다. 그러나 성경에 나타나는 기도의 사람들은 오랜 시간 동안 하나님과 아름답고 거룩한 영혼의 씨름을 하였다. 기도의 말은 짧았지만 기다림은 오래 계속된 것이었다. 모세가 기록한 기도는 짧을지 모르지만 모세는 사십 주야를 금식하며 울부짖음으로 기도하였던 것이다.

엘리야의 기도는 단지 몇 줄로 농축되어 나타나 있지만 그가 기도드릴 때에 수많은 시간을 하나님과 고귀한 교제를 위해 애썼다는 것은 분명한 사실이다. 그러기에 그는 확신을 가지고 대담하게 아합에게 "내 말이 없으면 수년 동안 우로가 있지 아니하리라" 왕상 17:1고 말할 수 있었던 것이다.

또 사도 바울의 기도에 관한 성경의 기록은 극히 짧으나 그는 밤낮을 가리지 않고 힘써 기도했다.

주기도문은 어린 양들을 위한 거룩한 기도의 축약이다. 그러나 그리스도 예수님은 자신의 일을 다 이루시기 위해 수많은 밤을 기도로 보냈다. 그리고 밤을 지새우며 오래 기도한 결과 그의 일을 완전히 이루어 내실 수 있었다. 나아가 그의 인격에 신성의 충만함과 영광이 나타날 수 있었다.

영적인 일은 힘이 든다. 그래서 사람들은 영적인 수고를 하려고 하지 않는다. 기도, 참된 기도를 하기 위해서는 진지한 집중과 시간을 쏟아 넣는 노력을 해야 한다. 그러나 인간의 육신은 그것을 즐기워하지 않는다. 피상적인 일에서는 곧잘 하지만 그런 희생적인 일을 할 만큼 강인한 자질을 가진 사람은 별로 없다.

우리는 우리가 보기에 좋을 정도로만 간신히 기도하는 습관에 젖을 수 있다. 즉, 고상한 모양이 되고 양심의 소리를 잠재울 수 있을 만큼만 기도하는 것이다. 그러나 이것은 가장 치명적인 아편이다.

우리는 기도를 겉핥기식으로 하여 기초가 무너질 때까지 위험을 감지하지 못할 수 있다. 서둘러 대충하는 기도는 믿음을 약하게 하고, 확신을 흔들리게 하며, 경건을 의심스럽게 만든다.

하나님과 함께하는 시간이 적은 것은 하나님을 위하는 것이 적은 것이다. 기도를 짧게 하는 것은 신앙 인격을 부족하게 하고 인색하게 하며 게으르게 하는 것이다. 하나님과 온전한 교제를 하기 위해서는 충분한 시간을 들여야 한다. 짤막한 기도로 끝내 버리는 것은 하나님의 은혜가 흐르는 파이프를 잘라 버리는 것이다. 하나님의 온전한 계시를 얻으려면 은밀한 곳에서 충분한 시간을 가져야 한다. 적은 시간과 성급함은 그런 계시를 해친다.

헨리 마틴은 "끊임없는 설교 준비로 개인적인 성경 읽기가 부족하고 기도가 짧아진 결과 하나님과 나의 영혼 사이가 크게 생소하게 되었다."고 통탄했다. 그는 자신이 너무나 많은 시간을 공적인 사역에 바쳤으며 그에 반해서 하나님과의 사적인 교제에는 너무 적은 시간을 드렸다고 고백했다. 그는 진지한 기도를 위하여 따로 시간을 낼 것과 금식할 시간을 내야 할 필요를 절실히 느꼈다. 이로부터 맺은 결론을 그는 다음과 같이 말하고 있다.

"오늘 아침은 2시간 동안을 기도하기 위해서 따로 책정해 두었다."

또 윌리엄 윌버포스는 "나는 좀더 많은 시간을 개인 기도를 위해 확보해야겠다. 나는 공적인 데 너무 많은 것을 바쳐왔다. 사적 기도의 단축은 영혼을 굶주리게 만든다. 그리하여 영혼은 연약해지며 무력하게 된다. 나는 너무나 늦게까지 자지 않는 습성이 있다."고 했다.

그는 의회에서 일할 때 잘못한 점에 대하여 "나 자신의 슬픔과 부끄러움을 말한다면 아마 무엇보다도 내가 사적 기도의 시간을 단축한 나머지 하나님께서 나를 넘어지게 하셨던 일일 것이다."라고 말했다.

더 많은 시간을 홀로 있고 좀더 이른 아침을 드리는 것이 그에게는 치료책이었다.

좀더 이른 아침에 좀더 많은 시간을 기도에 드리는 것은 마치 마술과 같아서 영적으로 쇠퇴한 영혼들을 다시 새롭게 하고 힘을 얻게 한다. 좀더 이른 아침에 좀더 많은 시간을 기도에 드리는 것은 거룩한 삶으로 나타난다. 우리의 경건의 시간이 그리 짧지 않고 허겁지겁 이루어지는 것이 아니라면 거룩한 삶이 그리 힘들거나 드문 것이 아닐 것이다. 우리가 골방에 머무르는 시간이 더 길어지고 더 뜨거워진다면 향기롭고 고결한 그리스도의 성품이 그리 낯설고 얻을 수 없는 기업이 되지 않을 것이다.

우리가 옹색하게 사는 것은 기도 생활에 인색하기 때문이다. 골방에서 잔치하는 데 많은 시간을 들일수록 우리의 삶이 기름지고 알차게 될 것이다. 우리가 골방에서 하나님과 함께 머무를 수 있는 능력은 우리가 골방 밖에서 하나님과 같이할 수 있는 능력을 결정한다. 성급한 마음으로 골방을 들락날락하는 것은 자기 기만이며 게으른 처사다. 우리는 그런 것 때문에 스스로 속을 뿐더러 여러 면에서 그리고 많은 유산을 잃게 된다.

골방에서 오래 머무르는 것은 우리에게 교훈을 주고 승리를 가져다 준다. 우리는 거기서 배운다. 위대한 승리는 대부분 위대한 기다림의 결과이다. 우리의 말과 계획이 다할 때까지 기다릴 때, 말없이 인내하며 기다릴 때 면류관을 얻게 된다. 예수 그리스도께서는 강한 어조로 "하나님께서 그 밤낮 부르짖는 택하신 자들의 원한을 풀어 주지 아니하시겠느냐"눅 18:7고 강조하셨다.

기도의 지도자는 어디 있는가?

기도는 우리가 할 수 있는 가장 큰일이다. 이 기도를 잘하기 위해서는 고요함과 시간과 진지함이 있어야 한다. 그렇지 않으면 기도는 가장 천박하고 보잘것없는 것으로 전락해 버린다. 참된 기도는 최고의 결과를 맺는다. 반면에 빈약한 기도는 최소의 열매를 맺는다.

참된 기도는 아무리 드려도 지나침이 없다. 우리는 기도의 가치를 새롭게 배워야 한다. 새롭게 기도 학교에 입학해야 한다. 이 세상에서 배우는 것만큼 많은 시간이 걸리는 것은 없다. 그러므로 만일 우리가 그 놀라운 기술을 배우기 원한다면 여기저기에 우리의 힘을 나누어 주어서는 안 된다. 어떤 작은 성자가 노래했던 것처럼 "예수님과 적은 대화"로는 안 되는 것이다. 우리는 하루 중에서 가장 좋은 시간을 골라 하나님과 기도에 드리기로 결심하고 그것을 굳게 지켜야 한다. 그러지 않는다면 그것을 기도라고 할 수 없는 것이다.

그러나 이 시대는 너무나 기도가 없다. 기도하는 사람이 별로 없다.

설교자와 목회자에 의해 기도의 이름이 더럽혀지고 있다. 오늘날은 바쁘고 소란한 시대다. 그래서 사람들은 기도에 시간을 들이려 하지 않는다.

목회 프로그램의 일환으로, 정기적으로 또는 절기에 맞추어 "기도를 강조하는" 설교자들이 있다. 그러나 분발하여 하나님 앞에 나아가는 사람은 없다.

응답받는 기도자라는 이름을 얻기까지 기도한 야곱처럼 기도하는 사람은 어디 있는가? 자연의 원리를 깨뜨리고 기근에 주린 땅을 하나님의 동산으로 만들어 놓을 때까지 기도한 엘리야처럼 기도하는 사람은 어디 있는가? 산에서 온 밤을 새워 하나님께 기도한 예수 그리스도처럼 기도하는 사람은 어디 있는가?

사도들은 "자신을 기도에" 바쳤다. 그것은 사람들에게, 아니 설교자들에게도 가장 어려운 일이다. 기꺼이 돈을 드리는 평신도들이 있다. 그러나 기도에 자신을 드리려고는 하지 않는다. 그러나 기도가 없는 헌금은 오히려 저주일 뿐이다.

부흥의 필요성과 하나님 나라의 확장에 대해 유창하게 설파하려는 설교자는 많다. 그러나 기도와 함께 그것을 하는 사람은 많지 않다. 기도가 없으면 모든 설교와 노력들은 없는 것만 못하다. 기도는 지금 시대에 뒤떨어진 것이요 거의 상실된 기술이 되어 버렸다. 그러기에 설교자와 교회를 다시 기도로 돌아오게 하는 사람은 이 시대에 가장 큰 기여를 하는 사람이 될 것이다.

기도의 절대적인 필요성을 아는 것만으로도 사도들은 오순절을 예비할 수 있었다. 그러나 오순절에 성령이 임하여 충만함으로써 기도는 그리스도의 복음에 있어서 무엇보다도 중요한 위치를 차지하게 되었다. 모든 성도를 향해 기도하라는 부르심은 성령의 가장 크고 긴박한 부르심이다. 기도로 말미암아 성도의 경건이 시작되고 발전되고 완성된다. 성도들이 일찍부터 늦게까지 그리고 오랫동안 기도하지 않을 때 복음은 느릿느릿 답답하게 전파된다.

현시대의 성도들에게 기도하는 법을 가르치고 기도하게 할 수 있는 지도자는 어디에 있는가? 우리가 기도하지 않는 성도들을 기르고 있다는 사실을 알고 있는가? 하나님의 백성들을 기도하게 만들 사도적 지도자들은 어디에 있는가?

그들이 나와서 일하게 하자. 그러면 우리가 이룰 수 있는 최대의 역사를 이루게 될 것이다. 교육 시설을 늘리고 자금을 많이 확보한다 해도 지금보다 더 많은 기도, 더 나은 기도로 거룩하게 되지 못한다면 믿음의 발전에는 더할 나위 없는 해가 될 것이다. 더 많은 기도는 저절로 이루어지지 않는다. 20세기 혹은 30세기를 위한 선교 자금 모금 캠페인을 벌인다 해도 우리가 주의하지 않으면 그것은 우리의 기도를 돕기는커녕 방해만 될 것이다.

    기도하는 지도자에게서 나오는 구체적 노력만이 도움이 된다. 교회의 지도자들은 교회의 심장과 삶에 기도의 절대적 중요성을 밝히 심어 주고 일깨워 주는 사도적 노력에 앞장서야 한다. 기도하는 지도자만이 기도하는 사람들을 만들 수 있다. 기도하는 사도가 기도하는 성도를 낳는 것이다. 기도하는 강단이 기도하는 청중을 낳는다.

이 시대에 꼭 필요한 사람이 되라

    우리에게는 성도들로 하여금 기도의 일에 전념할 수 있도록 만들 수 있는 사람이 절실히 필요하다. 우리 세대는 기도하는 성도의 세대가 아니다. 기도하지 않는 성도는 성도의 능력도 아름다움도 향기도 없는 거지 같은 무리밖에 되지 않는다. 이 병폐를 누가 복구할 것인가? 교회를 기도하게 만들 수 있는 사람은 개혁자와 사도들 가운데서 가장 위대한 사람이 될 것이다.

    이 시대와 모든 세대를 통해서 교회가 가장 필요로 하는 것은 그런 강력한 믿음과 굽힘이 없는 거룩함과 탁월한 영력과 불타는 열정을 지닌 사람이다. 그리하여 그들의 기도와 믿음과 삶과 사역이 개혁적이고 도전적이어서 개인과 교회에 새로운 시대를 열 수 있어야 한다.

    그렇다고 기발한 방법을 써서 감각적인 흥분을 자아내게 하는 사람이나 기분 좋게 하는 방법으로 흥을 돋우는 사람을 말하는 것이 아니다. 우리가 말하는 것은 하나님의 말씀을 선포함으로써 그리고 성령의 능력으로 혁명을, 현재의 모든 것을 변화시켜 놓는 혁신을 일으키는 사람이다.

여기에서는 타고난 재능이나 후천적인 교육의 성과는 중요한 요소가 되지 못한다. 문제는 믿음의 역량과 기도할 수 있는 능력이며, 철저한 성별의 능력이며, 자기를 부인할 수 있는 능력이며, 자기를 잃어버리고 하나님의 영광을 추구하는 능력이며, 하나님의 충만하심을 항상 그리고 한없이 갈망하며 찾는 능력이다. 다시 말해서 교회가 하나님을 위해 불타오르게 하는 사람, 소란하고 겉으로만 그러는 것이 아니라 고요하면서도 뜨거운 열정을 가짐으로 하나님을 위해 모든 것을 녹이고 움직이게 하는 사람이다.

하나님께서는 적당한 사람을 찾으시면 이적을 행하신다. 인간은 하나님이 자신을 인도하시게 할 때 이적을 행할 수 있다. 세상을 어지럽게 할 수 있는 성령의 부으심이 이 마지막 날에 무엇보다도 필요하다. 하나님을 위해 강력하게 일을 일으킬 수 있는 사람, 영적 혁명을 통해 상황을 완전히 바꾸어놓을 수 있는 사람, 그런 사람이 지금 우리 교회에 가장 필요한 상태다.

지금까지 교회에 그런 사람이 없는 것은 아니었다. 그런 사람들이

교회의 역사를 수놓았다. 그들은 교회의 신적인 성격을 나타내는 기적으로 늘 남아 있다. 그들의 본은 항상 우리에게 영감과 축복이 되고 있다. 그런 사람의 수와 능력이 커지도록 우리는 기도해야 한다.

영적인 세계에서 이제까지 이루어졌던 일은 또다시 이루어질 수 있고 그보다 더 크게 이루어질 수 있다. 이것은 그리스도의 견해를 통해 잘 알 수 있다. 그는 이렇게 말씀하셨다.

"진실로 진실로 너희에게 이르노니 나를 믿는 자는 나의 하는 일을 저도 할 것이요 또한 이보다 큰 것도 하리니 이는 내가 아버지께로 감이니라"요 14:12.

지나간 세대가 하나님을 위해 큰일을 할 수 있는 가능성을 다 사용해 버리지도 않았고 또 그것을 요청할 수 있는 가능성을 다 써버리지도 않았다. 교회가 능력과 은혜를 받는 기적을 과거 역사의 사실로 여기는 것은 타락한 교회가 하는 일이다.

하나님은 선택된 사람을 원하신다. 가혹한 십자가에 못박힘으로 자신과 세상으로부터 죽은 사람, 완전히 부패하여 회복의 가능성도 기대도 없는 자신과 세상에 대해 파산을 선고한 사람, 이 십자가에 못박힘과 파산을 통해 온전한 마음으로 하나님께로 돌아선 사람을 원하시는 것이다.

기도에 대한 하나님의 약속이 실현되고도 남도록 뜨겁게 기도하자.

기도의 능력
Power Through Prayer

조나단 에드워즈
Jonathan Edwards 1703–1758

사라 피어폰트

예일 대학교의
조나단 에드워즈 칼리지

천재로, 최고의 설교자로, 미국 역사에 큰 영향을 미친 가장 유능한 개혁 신학자이자 위대한 목회자로 칭송받는 조나단 에드워즈는 독실한 청교도 집안에서 태어났다. 어린 시절부터 그는 성경 묵상과 기도의 필요성을 거듭해서 배우는 동시에 하나님의 영광을 위하여 자기의 모든 능력을 개발해야 함을 되새기며 자랐다. 12세에 입학한 예일대를 17세가 되기도 전에 최우등으로 졸업하였으나 목회 사역을 준비하기 위해 대학 강사로 2년여를 더 머물렀고, 이때 진정한 회심을 경험하였다. 그리고 19세 약관도 되지 못한 나이에 외조부로부터 물려받은 매사추세츠 주 노샘프턴 교구에서 본격적인 성직자의 길을 걷게 된다. 역시 목회자 집안 출신인 아리따운 사라 피어폰트 Sarah Pierpont와 결혼한 것도 이때쯤이었다.

에드워즈가 시무할 당시의 노샘프턴

에드워즈가 활동하던 18세기 초의 미국은 전세기 청교도들의 시대와는 달리 영적 관심이 물질적 번영에 밀려 있던 때였다. 도덕성과 함께 경건에 대한 열망은 사그라들고 있었고 이전에 미국을 풍미했던 기도, 각종 집회, 주일 성수 역시 사라져 가고 있었다. 거기다 인디언 전쟁이 발발하면서 수많은 청년들이 희생되어 당시 식민지의 영적 상태는 회복 불가능의 상태에 이른 듯하였다.

종교적 열정에 휩싸여 있던 에드워즈는 이러한 신앙 풍조에 신랄한 비판을 가하였고 인간의 죄를 거듭 강조하며 오직 믿음으로 말미암아 구원을 받으라는 메시지를 전하는 데 전력을 기울였다. 하루 12시간 이상을 성경 연구에 보내고 2시간이 넘는 설교를 지치지 않고 해내었다.

인디언 전쟁(1754-1763)

그는 전형적인 부흥사는 아니었다. 따라서 우렁찬 음성이나 과장된 제스처 없이 준비한 원고를 읽곤 했지만, 충실한 성경 주석을 기초로 특유의 청교도적 적용이 있는 교리적 해설을 제시했다.

그의 뼈를 깎고 피를 말리는 고심초사와 열정은 1734년에서 1735년으로 넘어가는 한 계절 동안 300여 명의 회심자를 얻는 열매를 맺었다. 거리의 술집의 인적이 끊길 만큼 사람들은 그의 설교에 매료되었고 한꺼번에 중생 체험을 하는 놀라운 일이 벌어지기 시작했다. 이 특기할 만한 부흥은 뉴햄프셔 지방까지 번져 갔고 이후로 5년여간이나 지속되었으며 다른 여러 지방으로 파급되었다. 이것이 그 유명한 '대각성 운동'이다.

에드워즈가 시무했던 교회

기도의 능력
Power Through Prayer

이 운동의 여파는 노도와 같아서 뉴잉글랜드 지역에서만 짧은 기간 동안 5만 명 이상이 회심하는 기적이 일어났다. 또한 유럽에도 크나큰 영향을 끼쳐서 독일과 스칸디나비아에서는 루터교가 되살아났고 영국에서는 존 웨슬리John Wesley의 주도하에 영국 기독교 부흥 운동이 일어나게 되었다. 그러나 이런 놀라운 역사가 있었음에도 에드워즈는 성찬식 문제 등으로 교회 회중과 갈등을 겪기 시작했고, 1750년 급기야 피땀을 흘려 넣었던 노샘프턴 교회에서 해임되는 고통을 당하기도 했다.

그러나 에드워즈는 갖가지 몰이해와 질시에 굴하지 않았다. 그는 이듬해 인디언 거주 지역인 스톡브리지의 한 교회에서 인디언을 위한 선교사로서 삶을 이어가기로 결심한다. 젊은 나이에 요절했으나 선교사에 큰 족적을 남긴 브레이너드David Brainerd와의 인연도 이때 맺은 것이었다. 그는 언어 장벽, 질병, 분쟁, 모함 등으로 어려움을 겪으면서도 목회에 충실한 삶을 보냈다. 1758년 프린스턴대학교의 학장에 취임했으나 천연두 백신 주사의 후유증으로 학장직을 수행해 보지도 못하고 눈을 감고 말았다.

스톡브리지의 인디언 기념비

스톡브리지의 옛 마을

그는 죽었지만 그가 끼친 영향력은 엄청난 것이었다. 그의 평생에 걸친 복음주의에 대한 사모와 열의는 제2차 대각성 운동으로 이어졌으며, 이후로도 그 맥은 기독교 부흥 운동의 큰 줄기를 따라 면면히 이어져 오고 있다. 그가 남긴 신학적 업적들은 대부흥을 이끌었던 설교문들과 함께 오늘날까지도 꺼지지 않는 불길로 남아 있다.

그의 엄격하면서도 굳세기 그지없었던 삶의 방식과 믿음은 그이 기도 생활에 대한 결의를 통해 보다 자세히 알 수 있다. 기도의 필요성과 중요성은 누구나 인정하지만 대단한 각오로 노력하지 않으면 결코 쉬운 일이 아니다. 누구보다 그 사실을 잘 알고 있던 에드워즈는 일찍이 평생 기도로 하나님과 교제하고 자기의 모든 것을 하나님께 아뢰는 삶을 살기로 작정하였다.

프린스턴대학교 내의 교회

조나단 에드워즈의 묘비

그가 남긴 글에서도 볼 수 있듯이 그의 폭풍과도 같던 삶을 이끌었던 진정한 원동력 중 하나가 바로 기도였다. 다시 말하지만 이제까지도 영향을 미치는 그의 생애 자체가 바로 기도의 능력 그것이었다.

……기도하지 않고서 어떻게 거룩한 삶을 살아갈 수 있겠는가? 거룩한 삶을 산다는 것은 하나님께 헌신하는 삶을 산다는 것을 의미한다. 즉 하나님을 예배하고 섬기는 삶, 하나님의 일을 위해 봉헌된 삶이 곧 거룩한 삶이다. 하지만 기도의 의무를 이행하지 않고서는 결단코 그런 삶을 살 수 없다. 기도하지 않고서 어떻게 성령과 동행한다고 말할 수 있으며, 지극히 높으신 하나님의 종이라고 주장할 수 있으랴?……

| 인명 색인 |

녹스, 알렉산더　Knox, Alexander　106
뉴턴, 리처드　Newton, Richard　60
드랑티, 가스통 J. B.　DeRenty, Gaston J. B.　71
러더포드, 새뮤얼　Rutherford, Samuel　68
레이턴, 로버트　Leighton, Robert　67, 107
루터, 마틴　Luther, Martin　22, 67, 102, 146
리든, 헨리 P.　Liddon, Henry P.　74
마틴, 헨리　Martyn, Henry　70, 95, 136
맥셰인, 로버트 M.　McCheyne, Robert M.　22, 69, 76, 98
맥켄드리, 윌리엄　Mckendree, William　10, 36
밀턴, 존　Milton, John　82
바네트, 에마 E.　Barnett, Emma E.　12, 13
바네트, 해리어트 E.　Barnett, Harriet E.　13
바운즈, 토머스 J.　Bounds, Thomas J.　10
바운즈, 헤스터　Bounds, Hester　10
버넷, 존　Burnet, John　107
벅스톤, 토머스 F.　Buxton, Thomas F.　54
보일, 로버트　Boyle, Robert　107
브램웰, 윌리엄　Bramwell, William　71
브레이너드, 데이비드　Brainerd, David　11, 42, 71, 82, 86–88, 90, 92–95, 146
세실, 리처드　Cecil, Richard　80, 98
스펄전　Spurgeon, Charles H.　44, 106, 108
시므온, 찰스　Simeon, Charles　66
애즈베리, 프란시스　Asbury, Francis　68

앤드류스, 랜슬럿　Andrewes, Lancelot　72
얼라인, 조셉　Alleine, Joseph　68
에드워즈, 조나단　Edwards, Jonathan　11, 26, 86, 90, 94, 95, 144-147
웨슬리, 존　Wesley, John　11, 67, 95, 101, 106, 120, 146
웰치, 존　Welch, John　69
윌버포스, 윌리엄　Wilberforce, William　50, 136
윌슨, 대니얼　Wilson, Daniel　70
저드슨, 아도니람　Judson, Adoniram　51, 72, 73
칠턴, 클로드 L.　Chilton, Claude L.　14
캐리, 윌리엄　Carey, William　42, 48-51, 95
케언즈, 얼　Cairns, Earl　72
켄, 토머스　Ken, Thomas　68
키케로　Cicero, Marcus T.　37
테이트, 아치볼드 C.　Tait, Archibald C.　62, 63
페이슨, 에드워드　Payson, Edward　54, 70
펜, 윌리엄　Penn, William　30, 98
폭스, 조지　Fox, George　30
플라톤　Platon　37
플레처, 존　Fletcher, John　11, 67
핫지, 호머 W.　Hodge, Homer W.　14
해밀턴, 월터 K.　Walter K. Hamilton　75
해블록, 헨리　Havelock, Henry　72
헤일, 조지 E.　Hale, George E.　107

사명선언문

너희가 흠이 없고 순전하여……세상에서 그들 가운데 빛들로
나타내며 생명의 말씀을 밝혀 _ 빌 2:15-16

1. 생명을 담겠습니다
만드는 책에 주님 주신 생명을 담겠습니다.
그 책으로 복음을 선포하겠습니다.

2. 말씀을 밝히겠습니다
생명의 근본은 말씀입니다.
말씀을 밝혀 성도와 교회의 성장을 돕겠습니다.

3. 빛이 되겠습니다
시대와 영혼의 어두움을 밝혀 주님 앞으로 이끄는
빛이 되는 책을 만들겠습니다.

4. 순전히 행하겠습니다
책을 만들고 전하는 일과 경영하는 일에 부끄러움이 없는
정직함으로 행하겠습니다.

5. 끝까지 전파하겠습니다
모든 사람에게, 땅 끝까지, 주님 오시는 그날까지
복음을 전하는 사명을 다하겠습니다.

서점 안내

광화문점　서울시 종로구 새문안로 69 구세군회관 1층
　　　　　　02)737-2288 / 02)737-4623(F)

강남점　　서울시 서초구 신반포로 177 반포쇼핑타운 3동 2층
　　　　　　02)595-1211 / 02)595-3549(F)

구로점　　서울시 동작구 시흥대로 602, 3층 302호
　　　　　　02)858-8744 / 02)838-0653(F)

노원점　　서울시 노원구 동일로 1366 삼봉빌딩 지하 1층
　　　　　　02)938-7979 / 02)3391-6169(F)

일산점　　경기도 고양시 일산서구 중앙로 1391 레이크타운 지하 1층
　　　　　　031)916-8787 / 031)916-8788(F)

의정부점　경기도 의정부시 청사로47번길 12 성산타워 3층
　　　　　　031)845-0600 / 031)852-6930(F)

인터넷서점　www.lifebook.co.kr